읽으면 저절로 외워지는 신기한 한자 학습

어문회
한자능력검정시험

한 권으로 끝내기!

KB194156

7급

시대에듀

" 소설처럼 재미있게 읽다 보면
정확하고 풍부한 어휘력과 생각하는 힘이 저절로 길러지고,
'한자 3박자 연상 학습법'도 익혀져 어떤 한자라도
자신 있게 분석하고 뜻을 생각해 볼 수 있으며,
자신 있는 언어생활은 물론
어원에 담긴 진리와 아이디어까지 깨쳐
생활에 100배, 1,000배 활용할 수 있습니다. "

머리말

한자 3박자 연상 학습법은...

❶ 머리에 쏙쏙 들어오는 생생한 어원으로
❷ 동시에 관련된 한자를 익히면서
❸ 그 한자가 쓰인 어휘들까지 생각해 보는

신기하고 재미있는 한자 공부 방법 입니다!

복잡하고 어려운 한자!
이제 읽으면서 쉽고 재미있게 익혀 볼까요?

📖 이 책은 이런 점이 달라요.

❶ 읽으면 저절로 외워지는 기적의 한자 학습법!
  무작정 읽고 쓰기보다는 머리에 쏙쏙 들어오는 **생생한 어원**을 읽으며 한자를 재미있게 익힐 수 있습니다.

❷ 이 책은 하나의 한자를 익히더라도, 한자의 모양에 따라 그 한자와 관련된 한자들도 동시에 익힐 수 있습니다.

❸ 한자를 똑똑하게 익힐 수 있는 것은 물론, 시험에 출제되는 각 한자의 대표적인 어휘, 뜻이 반대(상대)인 한자 등 **한국 어문회 7급**에 해당하는 배정한자를 한 권에 담았습니다.

❹ 모든 내용을 바로바로 이해되도록 자세하게 설명을 덧붙여 나열하였습니다.

❺ 무엇보다 이 책은 급수 시험을 준비할 수 있을뿐만 아니라, 어원을 읽고 곰곰이 생각해 보는 과정을 통해 **세상을 깊이 있게 탐구할 수 있는 안목**도 길러지도록 하였습니다.

부디 여러분의 한자 학습이 쉽고 재미있었으면 좋겠습니다.

여러분을 사랑하는 저자 박정서 · 박원길 올림

○ 주관: 한국어문회

○ 시행: 한국한자능력검정회

○ 공인 자격

❶ 국가공인자격 : 특급, 특급Ⅱ, 1급, 2급, 3급, 3급Ⅱ
❷ 민간자격 : 4급, 4급Ⅱ, 5급, 5급Ⅱ, 6급, 6급Ⅱ, 7급, 7급Ⅱ, 8급

○ 급수 구분

특급, 특급Ⅱ, 1급, 2급, 3급, 3급Ⅱ, 4급, 4급Ⅱ, 5급, 5급Ⅱ, 6급, 6급Ⅱ, 7급, 7급Ⅱ, 8급

○ 급수 배정 (특급과 Ⅱ가 붙은 급수는 제외했습니다.)

급수	읽기	쓰기	수준 및 특성
1급	3,500	2,005	국한혼용 고전을 불편 없이 읽고, 연구할 수 있는 수준 초급 (상용한자 + 준상용한자 도합 3,500자, 쓰기 2,005자)
2급	2,355	1,817	상용한자를 활용하는 것은 물론 인명지명용 기초한자 활용 단계 (상용한자 + 인명지명용 한자 도합 2,355자, 쓰기 1,817자)
3급	1,817	1,000	고급 상용한자 활용의 중급 단계 (상용한자 1,817자 – 교육부 1,800자 모두 포함, 쓰기 1,000자)
4급	1,000	500	중급 상용한자 활용의 고급 단계(상용한자 1,000자, 쓰기 500자)
5급	500	300	중급 상용한자 활용의 초급 단계(상용한자 500자, 쓰기 300자)
6급	300	150	기초 상용한자 활용의 고급 단계(상용한자 300자, 쓰기 150자)
7급	**150**	**–**	**기초 상용한자 활용의 초급 단계(상용한자 150자)**
8급	50	–	한자 학습 동기 부여를 위한 급수(상용한자 50자)

※ 시험 정보는 변동될 수 있으므로 반드시 시행처 홈페이지에서 확인하세요.

※ 관련 규정 및 세부 내용은 변경될 수 있으며, 자세한 사항은 시행처 홈페이지(hanja.re.kr)를 참고하시기 바랍니다.

○ 문제유형

❶ 독음 : 한자의 소리를 묻는 문제입니다.

❷ 훈음 : 한자의 뜻과 소리를 동시에 묻는 문제입니다.

❸ 장단음 : 한자 단어 첫소리 발음의 길고 짧음을 구분하는 문제입니다. (4급 이상만 출제)

❹ 반의어/상대어 : 어떤 글자와 반대 또는 상대되는 글자를 알고 있는가를 묻는 문제입니다.

❺ 완성형 : 고사성어나 단어의 빈칸을 채우도록 하여 단어와 성어의 이해력 및 조어력을 묻는 문제입니다.

❻ 부수 : 한자의 부수를 묻는 문제입니다.

❼ 동의어/유의어 : 어떤 글자와 뜻이 같거나 유사한 글자를 알고 있는가를 묻는 문제입니다.

❽ 동음이의어 : 소리는 같고, 뜻은 다른 단어를 알고 있는가를 묻는 문제입니다.

❾ 뜻풀이 : 고사성어나 단어의 뜻을 제대로 알고 있는가를 묻는 문제입니다.

❿ 약자 : 한자의 획을 줄여서 만든 약자를 알고 있는가를 묻는 문제입니다.

⓫ 한자 쓰기 : 제시된 뜻, 단어 등에 해당하는 한자를 쓸 수 있는가를 확인하는 문제입니다.

⓬ 필순 : 한 획 한 획의 쓰는 순서를 알고 있는가를 묻는 문제입니다.

⓭ 한문 : 한문 문장을 제시하고 뜻풀이, 독음, 문장의 이해, 한문법의 이해 등을 측정하는 문제입니다.

○ 급수별 출제 기준

구분	1급	2급	3급	4급	5급	6급	7급	8급
독음	50	45	45	32	35	33	**32**	24
훈음	32	27	27	22	23	22	**30**	24
장단음	10	5	5	3	–	–	**–**	–
반대어(상대어)	10	10	10	3	3	3	**2**	–
완성형(성어)	15	10	10	5	4	3	**2**	–
부수	10	5	5	3	–	–	**–**	–
동의어(유의어)	10	5	5	3	3	2	**–**	–
동음이의어	10	5	5	3	3	2	**–**	–
뜻풀이	10	5	5	3	3	2	**2**	–
약자	3	3	3	3	3	–	**–**	–
한자 쓰기	40	30	30	20	20	20	**–**	–
필순	–	–	–	–	3	3	**2**	2
한문	–	–	–	–	–	–	**–**	–
총 출제 문항 수	200	150	150	100	100	90	**70**	50

시험 시간

1급	2급 · 3급	4급 · 5급 · 6급 · 7급 · 8급
90분	60분	50분

합격 기준

구분	1급	2급 · 3급	4급 · 5급	6급	7급	8급
출제 문항	200	150	100	90	70	50
합격 문항	160	105	70	63	49	35

▶ 1급은 출제 문항의 80% 이상, 2급~8급은 70% 이상 득점하면 합격입니다.
▶ 합격 발표 시 제공되는 점수는 1문항당 1점으로 계산합니다.
▶ 각 급수의 만점은 출제 문항 수이고, 응시자의 점수는 득점한 문항 수입니다.

우수상 시상 기준

구분	1급	2급 · 3급	4급	5급	6급	7급	8급
초등학생 (미취학포함)	160	105	80	90	81	63	45
중학생	160	112	85	90	–	–	–
고등학생	160	120	90	–	–	–	–

우량상 시상 기준

구분	1급	2급 · 3급	4급	5급	6급	7급	8급
초등학생 (미취학포함)	–	–	75	85	76	59	42
중학생	–	105	80	85	–	–	–
고등학생	–	112	85	–	–	–	–

※ 관련 규정 및 세부 내용은 변경될 수 있으며, 자세한 사항은 시행처 홈페이지(hanja.re.kr)를 참고하시기 바랍니다.

◎ 답안 작성 시 유의사항

❶ 필기구 및 답안 작성과 수정

• 필기구는 검정색 볼펜, 일반 수성(플러스)펜을 사용하셔야 합니다.
• 연필, 붓펜, 네임펜, 컴퓨터용펜, 유성펜류는 뭉개져 흐려지거나, 번져 채점 시 불이익을 받을 수 있습니다.
• 데이터 입력은 문자 인식 과정을 거치는데, 지정된 필기구를 사용하지 않거나, 검정색이 아닌 펜으로 작성된 답안지는 인식 과정에서 문제가 발생할 수 있습니다.
• 답안 수정은 수정액과 수정테이프를 사용하실 수 있습니다. 다만, 수정 항목이 많은 경우 답안지를 새로 받아서 재작성하시길 바랍니다.
• 미취학생, 초등학교 저학년 학생의 경우 수정액·수정테이프 사용법을 미리 익히시길 권해드립니다.
• 답안지 앞뒷면의 각 귀퉁이에 있는 ■ 표식은 전산입력 시 사용되는 인식기준점입니다. 해당 기준점이 훼손되거나, 주변에 낙서하면 OCR 시스템의 인식 불능으로 0점 처리될 수 있습니다.

❷ 약자 답안 처리

• 약자를 답으로 요구하는 문제는 반드시 약자를 쓰셔야 정답으로 인정됩니다.
• 약자를 답으로 요구하지 않는 문제를 약자로 답안을 작성한 경우는 정답으로 인정됩니다.
  (단, 정자를 요구하는 문제 제외)

❸ 국어 표기법 준수

답안 작성 시 두음법칙을 지키지 않거나, 국어 표기법이 맞지 않으면, 해당 한자 음이더라도 오답 처리됩니다.

❹ 응시자 정보 기재

• 성명, 수험번호, 생년월일은 반드시 응시 원서와 동일하게 작성해야 합니다.
• 성명을 비롯한 모든 항목은 맨 앞칸부터 띄어쓰기 없이 기입하세요.

◎ 참고사항

❶ 관련 규정 및 세부 내용은 변경될 수 있으며, 자세한 사항은 한국어문회 홈페이지(www.hanja.re.kr/)를 참고해 주시기 바랍니다.

❷ 우대 사항의 경우, 해마다 기관별로 혜택 여부가 상이할 수 있으므로, 자세한 사항은 해당 기관에 문의하시는 것이 좋습니다.

한자 3박자 연상 학습법 이란?

한자 3박자 연상 학습법(LAM: Learning for Associative Memories)은 어렵고 복잡한 한자를 무조건 통째로 익히지 않고, 부수나 독립된 한자로 나누어 ① 머리에 쏙쏙 들어오는 생생하고 명쾌한 어원으로, ② 동시에 관련된 한자들도 익히면서, ③ 그 한자가 쓰인 어휘들까지 생각해 보는 방법입니다.

이런 학습법으로 된 내용을 좀 더 체계적으로 익히기 위해서는 ① 제목을 중심 삼아 외고, ② 제목을 보면서 각 한자들은 어떤 공통점과 차이점으로 이루어진 한자들인지, 어원과 구조로 떠올려 보고, ③ 각 한자들이 쓰인 어휘들은 무엇인지 생각해 보시는 방법이 좋습니다.

그래서 어떤 한자를 보면, 그 한자와 관련된 한자들로 이루어진 제목이 떠오르고, 그 제목에서 각 한자들의 어원과 쓰인 어휘들까지 떠올릴 수 있다면, 이미 그 한자는 완전히 익히신 것입니다.

그러면 한자 박자 연상 학습법의 바탕이 된 일곱 가지를 소개합니다.

○ 어원(語源)으로 풀어 보기

한자에는 비교적 분명한 어원이 있는데, 어원을 모른 채 글자와 뜻만을 억지로 익히다 보니, 잘 익혀지지 않고 어렵기만 하지요.
한자의 어원을 생각하는 방법은 아주 간단합니다. 글자를 딱 보아서 부수나 독립된 글자로 나눠지지 않으면, 그 글자만으로 왜 이런 모양에 이런 뜻의 글자가 나왔는지 생각해 보고, 부수나 독립된 글자로 나눠지면 나눠서, 나눠진 글자들의 뜻을 합쳐 보면 되거든요. 그래도 어원이 생각나지 않을 때는, 상상력을 동원하여 나눠진 글자의 앞뒤나 가운데에 말을 넣어 보면 되고요.
아래의 '오랠 고, 옛 고(古)'로 예를 들어보겠습니다.

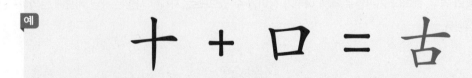

예   十 + 口 = 古

'古'의 경우 '열 십(十)'과 '입 구(口)'로 나누어지지요? 나누어진 한자들의 뜻을 조합해 보세요. 이런 방식으로 어원을 통해 한자를 풀이해 보면 한자를 보다 쉽게 익히고 오래오래 기억할 수 있습니다.

○ 공통 부분으로 익히기

한자에는 여러 한자를 합쳐서 만들어진 한자가 많고, 부수 말고도 많은 한자에 공통 부분이 있으니,
이 공통 부분에 여러 부수를 붙여 보는 방법도 유익합니다.

> **예** **5망맹**(亡忘忙妄芒盲) – 망할 망(亡)으로 된 한자
> 머리(亠)를 감추어야(ㄴ) 할 정도로 망하여 달아나니 **망할 망, 달아날 망**(亡)
> 또 망하여 죽으니 **죽을 망**(亡)
> 망한(亡) 마음(心)처럼 잊으니 **잊을 망**(忘)
> 마음(忄)이 망할(亡) 정도로 바쁘니 **바쁠 망**(忙)
> (그릇된 생각이나 행동으로) 정신이 망한(亡) 여자(女)처럼 망령되니 **망령될 망**(妄)
> 풀(艹)이 망가진(亡) 티끌이니 **티끌 망**(芒)
> 망한(亡) 눈(目)이면 눈먼 시각장애인이니 **눈멀 맹, 시각장애인 맹**(盲)

이 한자들을 옥편에서 찾으려면 잊을 망(忘)과 바쁠 망(忙)은 마음 심(心)부에서, 망령될 망(妄)은 여자
녀(女)부에서, 티끌 망(芒)은 초 두(艹)부에서, 눈멀 맹, 시각장애인 맹(盲)은 눈 목(目)부에서 찾아야
하고, 서로 연관 없이 따로따로 익혀야 하니 어렵고 비효율적이지요.

예

忘 忙 芒 盲

그러나 부수가 아니더라도 여러 한자들의 공통 부분인 망할 망(亡)을 고정해 놓고, 망한(亡) 마음
(心)처럼 잊으니 잊을 망(忘), 마음(忄)이 망할(亡) 정도로 바쁘니 바쁠 망(忙), 정신이 망한(亡) 여자
(女)처럼 망령되니 망령될 망(妄), 풀(艹)이 망가진(亡) 티끌이니 티끌 망(芒), 망한(亡) 눈(目)이면
눈먼 시각장애인이니 눈멀 맹, 시각장애인 맹(盲)의 방식으로 익히면, 한 번에 여러 한자를 쉽고도 재미
있게 익힐 수 있지요.

◎ 연결 고리로 익히기

한자에는 앞 글자에 조금씩만 붙이면 새로운 뜻의 한자가 계속 만들어져, 여러 한자를 하나의 연결
고리로 꿸 수 있는 경우도 많습니다.

> **예** 도인인인(刀刃忍認) – 刀에서 연결 고리로 된 한자
> 칼 모양을 본떠서 **칼 도(刀)**
> 칼 도(刀)의 날(丿) 부분에 점(丶)을 찍어서 **칼날 인(刃)**
> 칼날(刃)로 마음(心)을 위협하면 두려워 참으니 **참을 인(忍)**
> 하고 싶은 말(言)이 있어도 참고(忍) 인정하니 **인정할 인(認)**

칼 모양을 본떠서 칼 도(刀), 칼 도(刀)에 점 주, 불똥 주(丶)면 칼날 인(刃), 칼날 인(刃)에 마음 심
(心)이면 참을 인(忍), 참을 인(忍)에 말씀 언(言)이면 인정할 인(認)이 되지요.

◎ 비슷한 한자 어원으로 구별하기

한자에는 비슷한 한자도 많아 혼동될 때가 많은데, 이 경우도 어원으로 구분하면 쉽고도 분명하게
구분되고, 오래도록 잊히지 않습니다.

> **예** 분분(粉紛) – 粉과 비슷한 한자
> 쌀(米) 같은 곡식을 나눈(分) 가루니 **가루 분(粉)**
> 실(糸)을 나누면(分) 헝클어져 어지러우니 **어지러울 분(紛)**

> **예** 여노 서노(如奴 恕怒) – 如, 恕와 비슷한 한자
> 여자(女)의 말(口)은 대부분 부모나 남편의 말과 같으니 **같을 여(如)**
> 여자(女)의 손(又)처럼 힘들게 일하는 종이니 **종 노(奴)**
> 예전과 같은(如) 마음(心)으로 용서하니 **용서할 서(恕)**
> 일이 힘든 종(奴)의 마음(心)처럼 성내니 **성낼 노(怒)**

○ 그림으로 생각해 보기

한자가 부수나 독립된 한자로 나눠지지 않을 경우, 이 한자는 무엇을 본떠서 만들었는지 생각해서 본뜬 물건이 나오면 상형(象形)으로 만들어진 한자고, 본뜬 물건이 나오지 않으면 보이지 않는 무슨 일을 추상하여 만든 지사(指事)로 된 한자입니다.

> **예**   **상형** 가지 달린 나무를 본떠서 **나무 목(木)**
> **지사** 일정한 기준(一)보다 위로 오르는 모양을 생각하여 **위 상, 오를 상(上)**

○ 하나의 한자에 여러 뜻이 있으면, 그 이유를 생각해서 익히기

한자도 처음 만들어질 때는 하나의 한자에 하나의 뜻이었지만, 생각이 커지고 문화가 발달할수록 더 많은 한자가 필요하게 되었어요. 그럴 때마다 새로운 한자를 만든다면 너무 복잡해지니, 이미 있던 한자에 다른 뜻을 붙여 쓰게 되었지요.

그러나 아무렇게 붙여 쓰는 것이 아니고, 그런 뜻이 붙게 된 이유가 분명히 있으니, 무조건 외는 시간에 "이 한자는 왜 이런 뜻으로도 쓰일까?"를 생각하여 "아~해^^ 그래서 이 한자에 이런 뜻이 붙었구나!"를 스스로 터득하면서 익히면 훨씬 효과적이지요.

예를 들어 '해를 본떠서 만든 해 일(日)'이면 '해 일'이지 어찌 '날 일'의 뜻도 있을까? 아하~! 해가 뜨고 짐으로 구분되는 날이니 '날 일'이라는 뜻이 붙었구나!

앞에 나왔던 쓸 고, 괴로울 고(苦)의 경우도 '쓸 고'면 '쓸 고'지 어찌 '괴로울 고'의 뜻도 있을까? 조금만 생각해도 맛이 쓰면 먹기에 괴로우니 '괴로울 고(苦)'도 되었음을 금방 알게 되지요.

◉ 한자마다 반드시 예(例)까지 알아두기

한자를 익히면 반드시 그 글자가 쓰인 예(例)까지, 자주 쓰이는 낱말이나 고사성어 중에서 적절한 예(例)를 골라 익히는 습관을 들이세요. 그러면 "어? 이 한자가 이런 말에도 쓰이네!" 하면서 그 한자를 더 분명히 알 수 있을뿐더러, 그 한자가 쓰인 단어들까지 정확히 알 수 있으니, 정확하고 풍부한 어휘실력을 기를 수 있는 지름길이 됩니다.

어휘 풀이도 의역 위주로 된 사전식으로 단어 따로 뜻 따로 억지로 외지 마시고, 먼저 아는 한자를 이용하여 직역(直譯)해 보고, 다음에 의역(意譯)해 보는 습관을 들이세요. 그래야 어휘의 뜻도 분명히 알 수 있으면서, 한자 실력도 쑥쑥 늘어납니다.

◉ 기대되는 효과

이상 일곱 가지 방법을 종합하여 '한자 3박자 연상 학습법'을 만들었습니다.

한자 3박자 연상 학습법으로 한자를 익히면, 복잡하고 어려운 한자에 대하여 자신감을 넘어 큰 재미를 느낄 것이며, 한자 3박자 연상 학습법이 저절로 익혀져, 한자 몇 자 아는 데 그치지 않고, 어떤 한자를 보아도 자신 있게 분석해 보고 뜻을 생각해 볼 수 있는 안목도 생깁니다.

또 일상생활에서 만나는 어려운 단어의 뜻도 막연히 껍데기로만 알지 않고 분명하게 아는 습관이 생겨, 정확하고 풍부한 어휘 실력이 길러지고, 정확하고 풍부한 단어 실력을 바탕으로 자신 있는 언어생활, 나아가 자신 있는 사회생활을 하게 되며, 중국어나 일본어도 70% 이상 한 셈이 됩니다.

◎ 한자 3박자 연상 학습법에 따른 학습법

1박자 학습

첫 번째로 나온 한자는 아래에 나온 한자들의 기준이 되는 '기준 한자'이며, 1박자 학습 시엔 기준 한자부터 오른쪽에 설명되어 있는 생생한 어원과 함께 익힙니다. (또한 필순/배정급수/총 획수/부수 등이 표시되어 있으니 이 또한 참고하며 익히세요.)

2박자 학습

기준 한자를 중심으로 연결 고리로 된 다른 한자들(첫 번째 한자 아래에 나온 한자들)을 오른쪽의 생생한 어원과 함께 자연스럽게 연상하며 익힙니다.

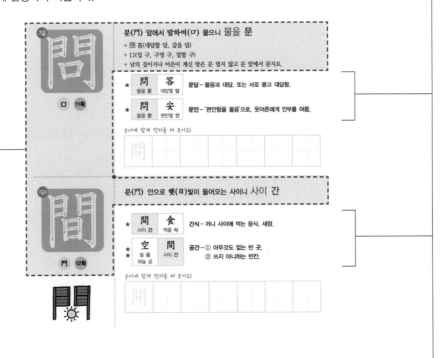

3박자 학습

어원을 중심으로 한자들을 자연스럽게 연상하며 익히는 것과 함께, 일상생활이나 교과서에서 자주 사용되는 어휘들을 익히도록 합니다.

책의 구성 & 특징

① 한자 익히기

본 교재는 7급 배정한자 150자를 공통점이 있는 한자들끼리 묶어 제목번호 001번부터 100번까지 총 100개의 그룹으로 나눈 뒤 '한자 3박자 연상 학습법'에 따라 공부할 수 있도록 구성하였습니다.

❶ 제목

'같은 어원으로 된 한자들, 연결 고리로 된 한자들, 비슷하여 혼동되는 한자들'과 같이 서로 관련된 한자들을 한데 묶은 그룹의 제목입니다.

❷ 어원 풀이

각 한자의 어원을 철저히 분석하여 원래의 어원에 충실하면서도 가장 쉽게 이해되도록 간단명료하게 풀었습니다.

❸ 필순 / 배정급수 / 총 획수 / 부수

각 한자의 필순 및 배정급수 등 한자에 대한 정보를 모두 수록하였으며, 필순을 한자 내부에 표기하여 한자를 바르게 써 볼 수 있도록 하였습니다.

❹ 활용 어휘

일상생활이나 교과서에서 자주 사용되는 어휘, 한자능력검정시험에 자주 출제되는 어휘들을 뽑아 수록하였으며, 10개년 기출문제를 분석해 빈출 어휘를 가려 각각의 어휘 앞에 ★ 표시를 붙였습니다. (★ 개수가 많을수록 출제 빈도수가 높습니다.)

② 실력 체크 퀴즈, 중간 점검 퀴즈

실력 체크 퀴즈

매일 한자 학습을 마친 뒤 실력 체크 퀴즈를 통해 오늘 배운 내용을 복습하고, 실제 시험 문제와 같은 유형의 문제를 풀어 보며 실력 점검을 할 수 있도록 하였습니다.

실력 체크 퀴즈

Day 01 (001~004)

점수 ___ /12

1. 다음 한자의 훈과 음을 쓰세요.

01. 月 ___   04. 川 ___

02. 出 ___   05. 日 ___

03. 人 ___   06. 山 ___

중간 점검 퀴즈

중간 점검 퀴즈를 통해 5일 동안 학습한 내용을 복습하고, 실제 시험 문제와 같은 유형의 문제를 풀어 보며 나의 한자 실력을 중간 점검해 볼 수 있도록 하였습니다.

중간 점검 퀴즈

(001~020)

점수 ___ /24

1. 다음 한자의 훈과 음을 쓰세요.

01. 日 ___   04. 便 ___

02 林 ___   05. 名 ___

03 來 ___   06. 南 ___

③ 한자 응용하기 – 한자어 익히기

7급 배정한자를 모두 익힌 후에는 7급 배정한자를 활용한 한자어들을 익힐 수 있도록, 10개년 기출문제를 분석해 선별한 빈출 한자어를 뜻풀이와 함께 수록하였습니다.

時間	空間	江北	漢江
때 시, 사이 간	**빌 공, 사이 간**	**강 강, 북쪽 북**	**한나라 한, 강 강**
어떤 시각에서 어떤 시각까지의 사이.	아무것도 없는 빈 곳. 쓰지 아니하는 빈칸.	강의 북쪽 지역. 한강 이북 지역.	우리나라 중부를 흐르는 강.
中間	間食	江村	江山
가운데 중, 사이 간	**사이 간, 먹을 식**	**강 강, 마을 촌**	**강 강, 산 산**
두 사물, 공간, 시간 등의 가운데.	끼니 사이에 먹는 음식.	강가의 마을.	강과 산이라는 뜻으로, 자연의 경치.

④ 한자 응용하기 – 반대자/상대자

7급 시험에 반드시 출제되는 반대자/상대자 유형을 대비할 수 있도록 7급 배정한자 내 반대자/상대자를 보기 쉽게 정리하였습니다.

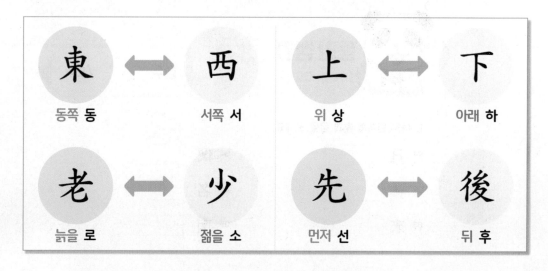

東 ↔ 西	上 ↔ 下
동쪽 동 / 서쪽 서	위 상 / 아래 하
老 ↔ 少	先 ↔ 後
늙을 로 / 젊을 소	먼저 선 / 뒤 후

⑤ 기출문제

시험 전 실제 기출문제를 풀어보며 출제 경향을 파악하고 나의 실력을 정확하게 점검할 수 있도록 한국어문회 공식 기출문제 5회분을 수록하였습니다. 정답 및 해설은 199p에서 확인할 수 있습니다.

(사)한국어문회 주관 · 한국한자능력검정회 시행

제102회 전국한자능력검정시험 7급 문제지

[문제 1-32] 다음 밑줄 친 漢字語의 音(음: 소리)을 쓰세요.

〈보기〉
漢字 → 한자

[1] 이것은 방부제를 전혀 쓰지 않은 <u>天然</u> 식품입니다.

[2] 이 방법은 임시 <u>方便</u>에 불과합니다.

[10] 부모님께서 작은 아파트를 <u>所有</u>하고 계십니다.

[11] 여기에 이름과 생년월일을 <u>記入</u>해 주세요.

[12] 춘부장께서는 올해 <u>春秋</u>가 어떻게 되시는지요?

[13] 이 영화는 관객 수가 <u>千萬</u> 명을 넘었습니다.

---

⑥ 특별 부록 - 빅데이터 합격 한자

시험 전 중요한 내용만 빠르게 복습할 수 있도록, 빅데이터를 기반으로 10개년 기출문제를 분석하여 '빈출순으로 정리한 배정한자 150자, 한자어 100개, 반대자/상대자 25개'를 선별해 소책자에 수록하였습니다.

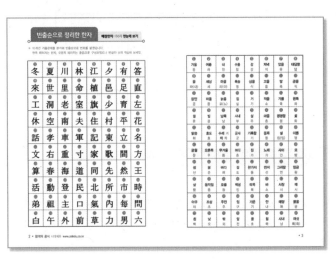

⑦ 특별 부록 – 빈출 한자 카드

빈출 한자 50자, 빈출 한자어 25개, 빈출 반대자/상대자 25개를 카드 형태로 수록하여, 점선을 따라 오려서 한자 카드로 활용할 수 있도록 하였습니다.

⑧ 부가 자료 (PDF 파일)

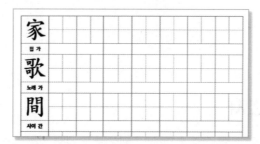

한자 쓰기 노트

한자를 더 많이 쓰며 복습할 수 있도록 한자 쓰기 노트 PDF 파일을 제공합니다.

기출문제 답안지

정답을 시험지가 아닌 답안지에 따로 기입하여 제출해야 하는 어문회 시험 특성상, 답안지 작성을 미리 연습할 수 있도록 답안지 PDF 파일을 제공합니다.

부가 자료 PDF 다운로드 방법

① 우측 QR코드 스캔

② www.sdedu.co.kr 접속 → 학습자료실 → 도서업데이트

　→ 〈어문회 한자능력검정시험 7급 한 권으로 끝내기〉 검색 후 다운로드

✓ 달성 개수를 채워가며 학습해 봅시다.

날짜	달성 체크	학습 범위
Day 01	☐	Day 01 학습
Day 02	☐	Day 02 학습 + Day 01 복습
Day 03	☐	Day 03 학습 + Day 02 복습
Day 04	☐	Day 04 학습 + Day 03 복습
Day 05	☐	Day 05 학습 + Day 04 복습
Day 06	☐	Day 06 학습 + Day 05 복습
Day 07	☐	Day 07 학습 + Day 06 복습
Day 08	☐	Day 08 학습 + Day 07 복습
Day 09	☐	Day 09 학습 + Day 08 복습
Day 10	☐	Day 10 학습 + Day 09 복습
Day 11	☐	Day 11 학습 + Day 10 복습
Day 12	☐	Day 12 학습 + Day 11 복습
Day 13	☐	Day 13 학습 + Day 12 복습
Day 14	☐	Day 14 학습 + Day 13 복습
Day 15	☐	Day 15 학습 + Day 14 복습
Day 16	☐	Day 16 학습 + Day 15 복습
Day 17	☐	Day 17 학습 + Day 16 복습
Day 18	☐	Day 18 학습 + Day 17 복습
Day 19	☐	Day 19 학습 + Day 18 복습
Day 20	☐	Day 20 학습 + Day 19 복습
Day 21	☐	Day 21 학습 + Day 20 복습
Day 22	☐	Day 22 학습 + Day 21 복습
Day 23	☐	Day 23 학습 + Day 22 복습
Day 24	☐	Day 24 학습 + Day 23 복습
Day 25	☐	Day 25 학습 + Day 24 복습

이 책의 차례

제 1 편

한자 익히기

7급 배정한자(DAY 01~25)

001

일월[日 月]
– 해와 달을 본떠 그린 한자

🎧 001 한자 듣기 ▶

日 4획

해의 둥근 모양과 해 가운데의 흑점을 본떠서 **해 일**

또 해가 뜨고 짐으로 구분하는 날이니 **날 일**

 선생님의 한 말씀

해 일, 날 일(日)처럼 둥근 것을 본떠서 만든 한자가 네모인 이유 – 한자가 만들어지던 때는 나무 같은 딱딱한 곳에 딱딱한 도구로 글자를 새겨, 둥글게 새기기가 어려웠기 때문이에요.

★★	日 날 일	記 기록할 기 기억할 기	일기 – '날의 기록'으로, 날마다 그날그날 겪은 일이나 생각, 느낌 따위를 적는 개인의 기록.
★★	來 올 래(내)	日 해 일 날 일	내일 – '오는 날'로, 오늘의 바로 다음 날.

순서에 맞게 한자를 써 보아요!

日									

月 4획

초승달(🌙)을 본떠서 **달 월**

또 고기 육(肉)의 변형으로 보아서,

고기 육(肉)이 부수로 쓰일 때의 모양으로 **육 달 월**

 선생님의 한 말씀

달은 초승달의 모양을 본떠서 '달 월(月)'이지요. 또 고기 육(肉)이 글자의 왼쪽에 붙는 부수인 변으로 쓰일 때는 '달 월'과 구분하여 '육 달 월'이라 부릅니다.

★	月 달 월	色 빛 색	월색 – '달빛'으로, 달에서 비쳐 오는 빛.
	日 해 일 날 일	月 달 월	일월 – 일월(해와 달)

순서에 맞게 한자를 써 보아요!

月									

002 산출[山出]

– 山으로 된 한자

🎧 002 한자 듣기 ▶

8급

山　3획

높고 낮은 산봉우리(⛰)를 본떠서 **산 산**

★	山 산 산	林 수풀 림	**산림** – 산과 숲. 또는 산에 있는 숲.
★	江 강 강	山 산 산	**강산** – 강과 산. 자연의 경치.
★★	登 오를 등	山 산 산	**등산** – 산에 오름.

순서에 맞게 한자를 써 보아요!

山							

7급

山　5획

높은 데서 보면 산(山) 아래 또 산(山)이 솟아 나오고 나가니

날 출, 나갈 출

+ 밴 入(들 입)
+ 밴 – 뜻이 반대인 한자.

| ★ | 外 밖 외 | 出 나갈 출 | **외출** – 밖으로 나감. 나들이함. |
| | 家 집 가 | 出 나갈 출 | **가출** – (가족과의 불화 등으로) 집을 나감. |

+ 출가(出家) – '집을 나옴'으로, 집을 나와 수도하려고 절이나 수도원에 들어감.

👨‍🏫 선생님의 한 말씀

한자로 된 단어는 글자 순서를 바꾸어도 대부분 같은 뜻이지만, 家出과 出家처럼 다른 뜻으로 쓰이는 경우도 있습니다.

순서에 맞게 한자를 써 보아요!

出							

003

수천[水川]
– 물과 내를 본떠 그린 한자

 003 한자 듣기 ▶

8급

水 4획

잠겨 있는 물에 물결이 이는 모양을 본떠서 물 **수**

> 🧑‍🏫 **선생님의 한 말씀**
>
> 글자의 왼쪽에 붙는 부수인 변으로 쓰일 때는 氵 모양으로 점이 셋이니 '삼 수 변',
> 글자의 아래에 붙는 부수인 발로 쓰일 때는 水 모양으로 '물 수 발'이라 부릅니다.

★  식수 – 먹는 물.

★  수초 – 물속에서 자라는 풀. 물풀.

순서에 맞게 한자를 써 보아요!

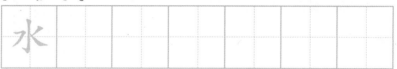

7급

川 3획

물 흐르는 내를 본떠서 내 **천**

+ 윤 水(물 수), 江(강 강)
+ 반 山(산 산)
+ 윤 – 뜻이 유사한 한자.

★ 산천 – 산과 내를 함께 이르는 말.

大 큰 대	川 내 천

대천 – ① 큰 내.
② 충청남도 남서쪽에 있는 시.

순서에 맞게 한자를 써 보아요!

004 인 입[人入]
– 人과 入

🎧 004 한자 듣기 ⊕

8급

人　2획

다리 벌리고 서 있는 사람을 본떠서 **사람 인**

> **선생님의 한 말씀**
> 글자의 변으로 쓰일 때는 '사람 인 변(亻)', 글자의 발로 쓰일 때는 '사람 인 발(儿)'입니다.

★ | 老 | 人 |
| 늙을 노 | 사람 인 |

노인 – (나이 들어) 늙은 사람.

★★ | 主 | 人 |
| 주인 주 | 사람 인 |

주인 – 대상이나 물건 따위를 소유한 사람.

순서에 맞게 한자를 써 보아요!

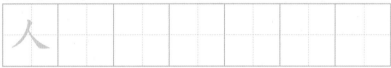

7급

入　2획

사람(人)이 머리 숙이고 들어가는 모양을 본떠서 **들 입**

＋ 🔲出(날 출, 나갈 출)

★ | 入 | 口 |
| 들 입 | 구멍 구 |

입구 – 들어가는 구멍(문). ↔ 출구(出口)

★ | 入 | 學 |
| 들 입 | 학교 학 |

입학 – (학생이 되어 공부하기 위해) 학교에 들어감.

★ | 出 | 入 |
| 나갈 출 | 들 입 |

출입 – 나감과 들어옴.

순서에 맞게 한자를 써 보아요!

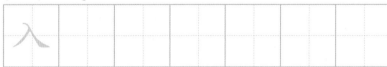

1. 다음 한자의 훈과 음을 쓰세요.

01. 月 [   ]

02. 出 [   ]

03. 人 [   ]

04. 川 [   ]

05. 日 [   ]

06. 山 [   ]

2. 다음 밑줄 친 한자어의 음을 쓰세요.

07. 미세먼지가 심한 날은 **外出**을 삼가는 것이 좋습니다. [ ][ ]

08. 이 자전거의 **主人**은 대체 누구일까? [ ][ ]

09. **來日**은 기다리고 기다리던 내 생일이다. [ ][ ]

3. 다음 밑줄 친 한자어를 〈보기〉에서 찾아 그 번호를 쓰세요.

> ● 보기 ●
> ① 日氣   ② 山林   ③ 登山   ④ 入學   ⑤ 食水   ⑥ 老人

10. 우리 반 선생님의 취미는 **등산**이다. [ ]

11. 아침부터 눈이 올 거라던 **일기**예보가 맞았습니다. [ ]

12. 동생은 **입학**식에서 말썽을 부려 부모님께 혼났다. [ ]

정답

01. 달 월 02. 날 출, 나갈 출 03. 사람 인 04. 내 천 05. 해 일, 날 일 06. 산 산 07. 외출 08. 주인 09. 내일
10. ③ 11. ① 12. ④

005

대춘[大春]

– 大로 된 한자

🎧 005 한자 듣기 ➡

8급

大 3획

양팔 벌려(一) 사람(人)이 큼을 나타내서 **큰 대**

+ 🔄 小(작을 소)
+ 一('한 일'이지만 여기서는 양팔 벌린 모양으로 봄)

★
大	門
큰 대	문 문

대문 – 큰 문. 주로, 한 집의 주가 되는 출입문.

重	大
귀중할 중	큰 대

중대 – (매우) 귀중하고 큼.

순서에 맞게 한자를 써 보아요!

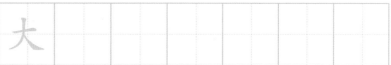

> Day
> 02

7급

日 9획

하늘 땅(二)에 크게(大) 해(日)가 느껴지는 봄이니 **봄 춘**

+ 🔄 秋(가을 추)
+ 봄에는 해가 북쪽으로 올라오기 시작하여 크게 느껴지지요.

★
★
春	秋
봄 춘	가을 추

춘추 – ① 봄과 가을.
② 어른의 나이를 높여 이르는 말.

★
★
靑	春
푸를 청	봄 춘

청춘 – '푸른 봄'으로, 스무 살 안팎의 젊은 나이를 이르는 말.

순서에 맞게 한자를 써 보아요!

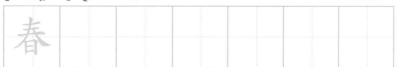

006

천부[天夫]

－ 大에 一을 더한 한자

🎧 006 한자 듣기 ◐

7급

大　4획

세상에서 제일(一) 큰(大) 것은 하늘이니 **하늘 천**

+ 땐 地(땅 지, 처지 지), 土(흙 토)

★ | 天 | 然 |
|---|---|
| 하늘 천 | 그러할 연 |

천연 – ① 사람의 힘을 가하지 아니한 상태.
② 사람의 힘으로 움직이거나 변화시킬 수 없는 상태.
③ 아주 비슷하게.

★ | 天 | 地 |
|---|---|
| 하늘 천 | 땅 지 |

천지 – 하늘과 땅. 온 세상.

순서에 맞게 한자를 써 보아요!

天								

7급

大　4획

한(一) 가정을 거느릴 만큼 큰(大) 사내나 남편이니

사내 부, 남편 부

★ | 農 | 夫 |
★ |---|---|
| 농사 농 | 사내 부 |

농부 – 농사짓는 일을 직업으로 하는 사내(사람).

★ | 工 | 夫 |
★ |---|---|
| 만들 공 | 사내 부 |

공부 – 학문이나 기술을 배우고 익힘.

순서에 맞게 한자를 써 보아요!

夫								

007 구 중[口中]
− 口와 中

🎧 007 한자 듣기 ◑

Day
02

7급

口　3획

입이나 구멍을 본떠서 **입 구, 구멍 구**

또 입으로 말하니 **말할 구**

★

人	口
사람 인	입 구

인구 − 일정한 지역에 사는 사람의 수.

出	入	口
나갈 출	들 입	입 구

출입구 − 나가고 들어오는 구멍(문).

순서에 맞게 한자를 써 보아요!

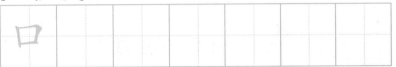

8급

丨　4획

사물(口)의 가운데를 뚫어(丨) 맞히니 **가운데 중, 맞힐 중**

+ 口[입 구, 구멍 구, 말할 구(口)의 변형이지만 여기서는 사물의 모양으로 봄]

★

中	間
가운데 중	사이 간

중간 − ① 두 사물의 사이.
② 등급, 차례, 크기 등의 가운데.
③ 공간이나 시간 등의 가운데.

★
★

命	中
명령할 명	가운데 중
목숨 명	맞힐 중
운명 명	
목표물 명	

명중 − 화살이나 총알 따위가 겨냥한 곳에 바로 맞음.

순서에 맞게 한자를 써 보아요!

008

인형[儿兄]
– 儿으로 된 한자

부수자

儿
2획

사람 인(人)이 글자의 발로 쓰일 때의 모양으로 **사람 인 발**

> 🧑‍🏫 **선생님의 한 말씀**
>
> '변'은 글자의 왼쪽에 붙는 부수 이름이고, '발'은 글자의 발 부분에 붙는 부수 이름이기에, 여기 제목은 儿의 원래 글자인 사람 인(人)의 독음 '인'으로 달았습니다.

8급

兄
人(儿) 5획

동생을 말하며(口) 지도하는 사람(儿)이 형이고 어른이니
형 형, 어른 형

+ 빤 弟(아우 제, 제자 제)
+ 口(입 구, 구멍 구, 말할 구)

| ★ | 兄
형 **형** | 夫
남편 **부** | **형부** – 형(언니)의 남편. ↔ 弟夫(제부) |
| ★★ | 兄
형 **형** | 弟
아우 **제** | **형제** – 형과 아우. |

순서에 맞게 한자를 써 보아요!

兄								

1. 다음 한자의 훈과 음을 쓰세요.

01. 大 [　　　]　　04. 口 [　　　]

02. 兄 [　　　]　　05. 中 [　　　]

03. 春 [　　　]　　06. 天 [　　　]

2. 다음 밑줄 친 한자어의 음을 쓰세요.

07. 할아버지께 **春秋**가 어떻게 되시는지 여쭤보았다. [　][　]

08. 우리 형은 요즘 수학 **工夫**에 매진하고 있다. [　][　]

09. 양궁 선수가 쏜 화살이 과녁에 **命中**했다. [　][　]

3. 다음 밑줄 친 한자어를 〈보기〉에서 찾아 그 번호를 쓰세요.

> • 보기 •
> ① 兄弟　② 農夫　③ 天然　④ 靑春　⑤ 大門　⑥ 中間

10. 나의 성적은 학급에서 **중간**이다. [　]

11. 식용 폐유는 **천연** 세제를 만드는 데 이용된다. [　]

12. 몸은 늙었지만 마음은 아직 **청춘**이다. [　]

📝 정답

01. 큰 대　02. 형 형, 어른 형　03. 봄 춘　04. 입 구, 구멍 구, 말할 구　05. 가운데 중, 맞힐 중　06. 하늘 천
07. 춘추　08. 공부　09. 명중　10. ⑥　11. ③　12. ④

009

왈 경(갱)편(변)[曰 更便]

– 曰과 更으로 된 한자

🎧 009 한자 듣기 ●

3급

曰　4획

입(口)으로 소리 내며(一) 가로니 가로 왈

+ 가로다 – '말하다'를 예스럽게 이르는 말.
+ 예스럽다 – 옛것과 같은 맛이나 멋이 있다.
+ 口(입 구, 구멍 구, 말할 구) – 제목번호 007 참고, 一('한 일'이지만 여기서는 소리가 나오는 모양으로 봄)

4급

曰　7획

한(一)번 말(曰)하면 사람(乂)들은 고치거나 다시 하니 고칠 경, 다시 갱

+ 曰(가로 왈), 乂[사람 인(人)의 변형]

> 🧑‍🏫 **선생님의 한 말씀**
>
> 좋은 사람은 한번 말하면 고치지만 그렇지 못한 사람은 다시 하지요.

7급

亻(イ)　9획

사람(亻)이 잘못을 고치면(更) 편하니 편할 편

또 누면 편한 똥오줌이니 똥오줌 변

> 🧑‍🏫 **선생님의 한 말씀**
>
> 편할 편(便)에 어찌 '똥오줌 변'이란 뜻도 있을까요?
> 생각해보면 누면 편한 것이 똥오줌이니 그런 것임을 알게 되지요. 이처럼 한 한자에 여러 뜻이 있으면 반드시 그런 뜻이 붙은 이유가 있으니 무조건 외우지 말고, 그 이유까지 생각해서 익히면 절대 잊히지 않지요.

★

便	安
편할 편	편안할 안

편안 – 편하고 걱정 없이 좋음.

便	所
똥오줌 변	장소 소

변소 – 대소변을 보는 곳.

순서에 맞게 한자를 써 보아요!

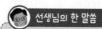

便								

010

석명[夕名]

– 夕으로 된 한자

🎧 010 한자 듣기 ▶

7급

夕 3획

초승달(月) 일부가 구름에 가려진 모양을 본떠서 **저녁 석**

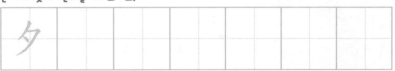

> **선생님의 한 말씀**
>
> 어두워지는 저녁에 보이는 것은 초승달뿐인데 초승달을 본떠서는 이미 달 월(月)을 만들었으니, 초승달 일부가 구름에 가려진 모양으로 '저녁 석(夕)'을 만든 것이죠. 초승달은 초저녁 서쪽 하늘에 잠깐 떴다가 지니까요.

★

夕	食
저녁 석	밥 식 먹을 식

석식 – 저녁밥.

一	夕
한 일	저녁 석

일석 – ① 하룻저녁.
② 어느 저녁.

순서에 맞게 한자를 써 보아요!

夕							

7급Ⅱ

口 6획

저녁(夕)에 보이지 않아 입(口)으로 부르는 이름이니 **이름 명**

또 이름이 알려지도록 이름나니 **이름날 명**

> **선생님의 한 말씀**
>
> 사회생활이 별로 없었던 옛날에는 얼굴이 보이지 않는 어두울 때나 이름을 사용했답니다.

★
★

姓	名
성씨 성	이름 명

성명 – 성과 이름.

★
★

有	名
있을 유	이름날 명

유명 – 이름이 널리 알려져 있음.

순서에 맞게 한자를 써 보아요!

名							

Day 03

복외[卜外]
– 卜으로 된 한자

3급

卜 2획

(옛날에는 거북이 등 껍데기를 불태워 갈라진 모양을 보고 점쳤으니)

점치던 거북이 등 껍데기(그림)가 갈라진 모양을 본떠서 **점 복**

> **선생님의 한 말씀**
> 옛날에는 점을 많이 쳐서, 점과 관련된 한자도 많습니다.

8급

夕 5획

저녁(夕)에 점(卜)치러 나가던 밖이니 **밖 외**

+ 凹 內(안 내)
+ 夕(저녁 석)

★

外	出
밖 외	나갈 출

외출 – 밖으로 나감. 나들이함.

★

海	外
바다 해	밖 외

해외 – ① 바다의 밖.
② 다른 나라를 이르는 말.

순서에 맞게 한자를 써 보아요!

012

상하[上下]
– 上과 下

🎧 012 한자 듣기 ➡

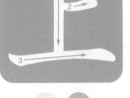

一 3획

일정한 기준(一)보다 위로 오르니 **위 상, 오를 상**

+ 一('한 일'이지만 여기서는 일정한 기준으로 봄)

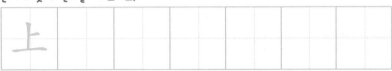

★	上 위 상 오를 상	空 빌 공 하늘 공	상공 – ① 높은 하늘. ② 어떤 지역의 위에 있는 공중.

	上 위 상	水 물 수	道 길 도	상수도 – (먹거나 쓸) 윗물이 오는 길(설비). ↔ 下水道 (하수도)

순서에 맞게 한자를 써 보아요!

上							

Day 03

一 3획

일정한 기준(一)보다 아래로 내리니 **아래 하, 내릴 하**

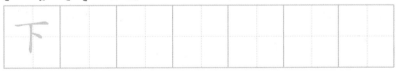

★	地 땅 지	下 아래 하 내릴 하	지하 – '땅 아래'로, 땅속이나 땅속을 파고 만든 구조물의 공간.

★	下 내릴 하	山 산 산	하산 – 산에서 내려감.

순서에 맞게 한자를 써 보아요!

下							

1. 다음 한자의 훈과 음을 쓰세요.

01. 上 [   ]

02. 名 [   ]

03. 外 [   ]

04. 下 [   ]

05. 便 [   ]

06. 夕 [   ]

2. 다음 밑줄 친 한자어의 음을 쓰세요.

07. 내 고향 청송은 사과로 **有名**하다. [ ][ ]

08. 마음이 **便安**해야 깊이 잠들 수 있다. [ ][ ]

09. 오늘 **夕食**으로는 짜장밥이 제공됩니다. [ ][ ]

3. 다음 밑줄 친 한자어를 〈보기〉에서 찾아 그 번호를 쓰세요.

보기

① 姓名   ② 外出   ③ 一夕   ④ 上空   ⑤ 地下   ⑥ 海外

10. 우리 반은 다 같이 **상공**에 연을 띄웠다. [   ]

11. 여기에 본인의 **성명**과 연락처를 기재해 주십시오. [   ]

12. 이번 설에는 가족끼리 **해외**여행을 갈 예정이다. [   ]

정답

01. 위 상, 오를 상 02. 이름 명, 이름날 명 03. 밖 외 04. 아래 하, 내릴 하 05. 편할 편, 똥오줌 변 06. 저녁 석
07. 유명 08. 편안 09. 석식 10. ④ 11. ① 12. ⑥

013

족 지정[足 止正]

– 足과 止로 된 한자

🎧 013 한자 듣기 ◐

7급II

足 7획

무릎(口)부터 발(止)까지를 본떠서 발 **족**

또 발까지 편해야 마음이 넉넉하니 넉넉할 **족**

+ 世 手(손 수, 재주 수, 재주 있는 사람 수)
+ 口('입 구, 구멍 구, 말할 구'지만 여기서는 무릎으로 봄)

★ ★

不	足
아닐	발 **족**
불·부	넉넉할 **족**

부족 – 넉넉하지(충분하지) 아니함.

自	足
자기 **자**	발 **족**
스스로 **자**	넉넉할 **족**

자족 – ① 스스로 넉넉함을 느낌.
② 필요한 물건을 자기 스스로 충족시킴.

순서에 맞게 한자를 써 보아요!

足									

Day
04

5급

止 4획

두 발이 멈추어(그쳐 있는) 모양에서 그칠 **지**

👨‍🏫 선생님의 한 말씀

8~7급 한자의 어원 풀이를 위하여 인용한,
8~7급 한자 이외 한자에는 단어를 넣지 않았습니다.

止 5획

하나(一)에 그쳐(止) 열중해야 바르니 바를 정

+ 유 直(곧을 직, 바를 직)
+ 반 不(아닐 불, 아닐 부)

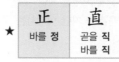 선생님의 한 말씀

무슨 일이든지 오직 하나에 그쳐 열중해야 바르지요.

★
正	直
바를 정	곧을 직 바를 직

정직 – (마음이) 바르고 곧음.

★★
正	答
바를 정	대답할 답

정답 – 바른(옳은) 답.

순서에 맞게 한자를 써 보아요!

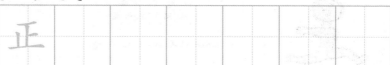

正							

013

족 지정[足 止正]

– 足과 止로 된 한자

🎧 013 한자 듣기 ▶

7급 Ⅱ

足　7획

무릎(口)부터 발(火)까지를 본떠서 **발 족**

또 발까지 편해야 마음이 넉넉하니 **넉넉할 족**

+ 扌 手(손 수, 재주 수, 재주 있는 사람 수)
+ 口('입 구, 구멍 구, 말할 구'지만 여기서는 무릎으로 봄)

★★	不	足	
	아닐	발 족	
	불·부	넉넉할 족	

부족 – 넉넉하지(충분하지) 아니함.

	自	足	
	자기 자	발 족	
	스스로 자	넉넉할 족	

자족 – ① 스스로 넉넉함을 느낌.
　　　　② 필요한 물건을 자기 스스로 충족시킴.

순서에 맞게 한자를 써 보아요!

足								

Day 04

5급

止　4획

두 발이 멈추어(그쳐 있는) 모양에서 **그칠 지**

> 👤 선생님의 한 말씀
>
> 8~7급 한자의 어원 풀이를 위하여 인용한,
> 8~7급 한자 이외 한자에는 단어를 넣지 않았습니다.

止 5획

하나(一)에 그쳐(止) 열중해야 바르니 **바를 정**

+ 윤 直(곧을 직, 바를 직)
+ 맨 不(아닐 불, 아닐 부)

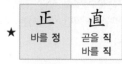

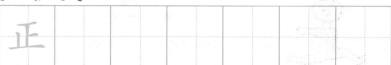

무슨 일이든지 오직 하나에 그쳐 열중해야 바르지요.

正 바를 정	直 곧을 직 바를 직

★ 정직 – (마음이) 바르고 곧음.

正 바를 정	答 대답할 답

★★ 정답 – 바른(옳은) 답.

순서에 맞게 한자를 써 보아요!

正							

목림[木林]

014
– 木으로 된 한자 1

🎧 014 한자 듣기 ▶

8급

木　4획

가지 달린 나무를 본떠서 **나무 목**

★ | 植 | 木 |
|---|---|
| 심을 식 | 나무 목 |

식목 – 나무를 심음.

草	木
풀 초	나무 목

초목 – 풀과 나무를 함께 이르는 말.

순서에 맞게 한자를 써 보아요!

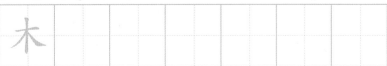

Day
04

7급

木　8획

나무(木)와 나무(木)가 우거진 수풀이니 **수풀 림(임)**

★ | 山 | 林 |
|---|---|
| 산 산 | 수풀 림(임) |

산림 – 산과 숲. 또는 산에 있는 숲.

★ | 育 | 林 |
|---|---|
| 기를 육 | 수풀 림(임) |

육림 – '수풀을 기름'으로, 나무를 심거나 씨를 뿌려 인공적으로 수풀을 가꾸는 일.

순서에 맞게 한자를 써 보아요!

---

015 휴래[休來]

– 木으로 된 한자 2

🎧 015 한자 듣기 ➡

人(亻) 6획

사람(亻)이 나무(木) 옆에서 쉬니 쉴 휴

+ 나무는 열매도 주고 그늘도 만들어 주며, 산소와 피톤치드가 많이 나와 건강에 좋답니다.

★  休(쉴 휴) 紙(종이 지) 휴지 – ① 못 쓰게 된 종이.
② 허드레로 쓰는 얇은 종이.

★  休(쉴 휴) 日(날 일) 휴일 – '쉬는 날'로, 일요일이나 공휴일. 일을 하지 아니하고 쉬는 날.

순서에 맞게 한자를 써 보아요!

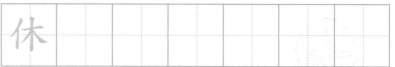

人 8획

나무(木) 밑으로 두 사람(人人)이 오니 올 래(내)

★ 來(올 내) 年(해 년) 내년 – 올해의 다음 해.

★ 外(밖 외) 來(올 래) 외래 – 밖에서 옴. 또는 다른 나라에서 옴.

> 😎 선생님의 한 말씀
>
> 외래어(外來語)는 우리말에 없어서 들여와 쓰는 말이고,
> 외국어(外國語)는 우리말이 있는 데도 쓰는 외국말입니다.

순서에 맞게 한자를 써 보아요!

화 미[禾 米]
— 禾와 米

3급

禾　5획

익어서 고개 숙인 벼를 본떠서 **벼 화**

🧑‍🏫 선생님의 한 말씀

벼는 모든 곡식을 대표하여, 곡식과 관련된 한자에 부수로도 쓰이지요.

6급

米　6획

벼(米)를 찧으면 알(丶)로 톡 튀어나오는 쌀이니 **쌀 미**

+ 米[벼 화(禾)의 변형], 丶('점 주, 불똥 주'지만 여기서는 쌀알로 봄)

Day
04

Day 04

점수 /12

1. 다음 한자의 훈과 음을 쓰세요.

01. 來 [   ]   04. 林 [   ]

02. 木 [   ]   05. 正 [   ]

03. 休 [   ]   06. 足 [   ]

2. 다음 밑줄 친 한자어의 음을 쓰세요.

07. 문제의 <u>正答</u>을 아시는 분은 손을 들어 주세요.   [ ][ ]

08. 그는 선산에 소나무 여덟 그루를 <u>植木</u>했다.   [ ][ ]

09. <u>休紙</u>를 길에 아무렇게나 버리면 안 된다.   [ ][ ]

3. 다음 밑줄 친 한자어를 <보기>에서 찾아 그 번호를 쓰세요.

보기
① 來年   ② 休日   ③ 育林   ④ 草木   ⑤ 不足   ⑥ 正直

10. 수면 <u>부족</u> 때문에 눈이 충혈되었다.   [ ]

11. <u>휴일</u>에는 밀린 빨래와 설거지를 해야 한다.   [ ]

12. <u>내년</u> 생일에는 더 맛있는 케이크를 사 먹어야지.   [ ]

정 답

01. 올 래(내) 02. 나무 목 03. 쉴 휴 04. 수풀 림(임) 05. 바를 정 06. 발 족, 넉넉할 족 07. 정답 08. 식목
09. 휴지 10. ⑤ 11. ② 12. ①

017 화추[火秋]

– 火로 된 한자

🎧 017 한자 듣기 ●

8급

火　4획

타오르는 불을 본떠서 **불 화**

+ 삔 水(물 수)

> 🤓 **선생님의 한 말씀**
>
> 불 화(火)가 4획이니, 글자의 아래에 붙는 부수인 발로 쓰일 때도 점 네 개를 찍어 '불 화 발(灬)'이라고 부릅니다.

★

火	力
불 화	힘 력

화력 – 불의 힘.

活	火	山
살 활	불 화	산 산

활화산 – '살아 있는 화산'으로, 지금도 화산 활동을 계속하고 있는 화산.

순서에 맞게 한자를 써 보아요!

火						

Day
05

7급

禾　9획

벼(禾)가 불(火)처럼 붉게 익어 가는 가을이니 **가을 추**

★

春	秋
봄 춘	가을 추

춘추 – ① 봄과 가을을 아울러 이르는 말.
　　　　② 어른의 나이를 높여 이르는 말.

순서에 맞게 한자를 써 보아요!

秋						

018 동 서[東 西]

－ 東과 西

🎧 018 한자 듣기 ⊙

8급

木　8획

나무(木) 사이로 해(日)가 떠오르는 동쪽이니 **동쪽 동**

또 옛날에 동쪽에 앉았던 주인이니 **주인 동**

+ 囲 西(서쪽 서)
+ 木(나무 목), 日(해 일, 날 일)

> 👨‍🏫 **선생님의 한 말씀**
>
> 옛날에는 신분에 따라 앉는 방향이 달라서 임금은 북쪽, 신하는 남쪽, 주인은 동쪽, 손님은 서쪽에 자리하고 앉았답니다.

★ | 東
동쪽 동 | 方
모 **방**
방향 **방**
방법 **방** | 동방 – ① 동쪽. 동녘.
② 동쪽 지방.

★ | 東
동쪽 동 | 海
바다 해 | 동해 – 동쪽에 있는 바다.

순서에 맞게 한자를 써 보아요!

東

8급

两　6획

지평선(一) 아래(口)로 해가 들어가는(儿) 서쪽이니 **서쪽 서**

+ 囲 東(동쪽 동, 주인 동)
+ 부수는 両(덮을 아)네요.
+ 口[에운담, 나라 국(囗)의 변형이지만, 여기서는 지평선 아래 땅으로 봄], 儿('사람 인 발'이지만 여기서는 들어가는 모양으로 봄)

★ | 西
서쪽 서 | 山
산 산 | 서산 – 서쪽에 있는 산.

순서에 맞게 한자를 써 보아요!

西

019　남 북[南 北]
－ 南과 北

🎧 019 한자 듣기 ▶

8급
十　9획

많은(十) 성(冂)마다 양쪽(丷)으로 열리는 방패(干) 같은 문이 있는 남쪽이니 **남쪽 남**

+ 十(열 십, 많을 십), 冂(멀 경, 성 경), 干(방패 간, 범할 간, 얼마 간, 마를 간

🧑‍🏫 **선생님의 한 말씀**

우리가 사는 북반구에서는 남쪽이 밝고 따뜻하니, 대부분의 집이나 성은 남향으로 짓고 문도 남쪽에 있지요.

★ | 南 | 韓 |
|---|---|
| 남쪽 남 | 한국 한 |

남한 － 남북으로 분단된 대한민국의 휴전선 남쪽 지역을 가리키는 말.

★★ | 南 | 海 |
|---|---|
| 남쪽 남 | 바다 해 |

남해 － 남쪽에 있는 바다.

순서에 맞게 한자를 써 보아요!

8급
匕　5획

두 사람이 등지고 달아나는 모양에서 **등질 배, 달아날 배**

또 항상 남쪽을 향하여 앉았던 임금의 등진 북쪽이니 **북쪽 북**

+ 逫 南(남쪽 남)

🧑‍🏫 **선생님의 한 말씀**

임금은 어느 장소에서나 남쪽을 향하여 앉았으니, 항상 남쪽을 향하여 앉는 임금의 등진 쪽이라는 데서 이러한 뜻이 붙게 되었지요.

★ | 北 | 韓 |
|---|---|
| 북쪽 북 | 한국 한 |

북한 － 남북으로 분단된 대한민국의 휴전선 북쪽 지역을 가리키는 말.

★ | 江 | 北 |
|---|---|
| 강 강 | 북쪽 북 |

강북 － ① 강의 북쪽 지역.
② 한강 이북 지역.

순서에 맞게 한자를 써 보아요!

020

멱 면 [⌒ ⌒]
- ⌒과 ⌒

🎧 020 한자 듣기 ⊙

부수자

2획

보자기로 덮은 모양을 본떠서 **덮을 멱**

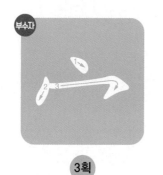

부수자

3획

지붕으로 덮여 있는 집을 본떠서 **집 면**

선생님의 한 말씀

⌒과 ⌒은 비슷한 부수자라 함께 설명했어요.
비슷한 한자를 분명하게 구분할 수 있는 것도 실력이지요.

실력 체크 퀴즈
(017~020)

점수 ___ /12

1. 다음 한자의 훈과 음을 쓰세요.

01. 北 [　　　]

02. 火 [　　　]

03. 西 [　　　]

04. 秋 [　　　]

05. 南 [　　　]

06. 東 [　　　]

2. 다음 밑줄 친 한자어의 음을 쓰세요.

07. 태풍이 <u>南海</u>안을 강타하고 지나갔습니다. [　][　]

08. 어머니의 새로운 직장은 <u>江北</u>에 있다고 한다. [　][　]

09. 우리나라는 옛날부터 <u>東方</u>예의지국이라 불렸다. [　][　]

3. 다음 밑줄 친 한자어를 〈보기〉에서 찾아 그 번호를 쓰세요.

보기
① 北韓　② 火力　③ 東海　④ 西山　⑤ 南韓　⑥ 火山

10. 중국과 <u>북한</u>은 국경 무역이 활발하다. [　]

11. 풍로보다는 가스레인지가 <u>화력</u>이 더 좋다. [　]

12. <u>동해</u>에는 여러 종류의 물고기들이 산다. [　]

정답

01. 등질 배, 달아날 배, 북쪽 북 02. 불 화 03. 서쪽 서 04. 가을 추 05. 남쪽 남 06. 동쪽 동, 주인 동 07. 남해
08. 강북 09. 동방 10. ① 11. ② 12. ③

1. 다음 한자의 훈과 음을 쓰세요.

01. 日 ☐   04. 便 ☐

02. 林 ☐   05. 名 ☐

03. 來 ☐   06. 南 ☐

2. 다음 밑줄 친 한자어의 음을 쓰세요.

07. **外來語**를 지나치게 사용하는 것은 피해야 합니다. ☐☐

08. 이 우물이 마을의 **食水** 문제를 해결해 주었다. ☐☐

09. **天然**자원의 보고인 바다가 점점 오염되고 있습니다. ☐☐

3. 다음 밑줄 친 한자어를 <보기>에서 찾아 그 번호를 쓰세요.

보기
① 農夫   ② 夕食   ③ 春秋   ④ 中間   ⑤ 兄夫   ⑥ 姓名

10. 내일부터 **중간**고사를 봅니다. ☐

11. 큰언니의 결혼으로 나도 이제 **형부**가 생겼다. ☐

12. **춘추**는 어른의 나이를 높여 이르는 말입니다. ☐

정답

01. 해 일, 날 일 02. 수풀 림(임) 03. 올 래(내) 04. 편할 편, 똥오줌 변 05. 이름 명, 이름날 명 06. 남쪽 남
07. 외래어 08. 식수 09. 천연 10. ④ 11. ⑤ 12. ③

4. 다음 훈과 음에 맞는 한자를 〈보기〉에서 찾아 그 번호를 쓰세요.

① 中　② 水　③ 夕　④ 外　⑤ 下　⑥ 北　⑦ 休　⑧ 入

13. 저녁 석 □　　　　**16.** 북쪽 북 □

14. 쉴 휴 □　　　　**17.** 들 입 □

15. 밖 외 □　　　　**18.** 가운데 중 □

5. 다음 뜻에 맞는 한자어를 〈보기〉에서 찾아 그 번호를 쓰세요.

① 老人　② 水草　③ 主人　④ 植木　⑤ 正直　⑥ 山林

19. (마음이) 바르고 곧음. □

20. 대상이나 물건 따위를 소유한 사람. □

6. 다음 한자의 진하게 표시한 획은 몇 번째 쓰는지 숫자로 쓰세요.

21. 出 □　　　　**23.** 火 □

22. 足 □　　　　**24.** 北 □

정 답

13. ③　14. ⑦　15. ④　16. ⑥　17. ⑧　18. ①　19. ⑤　20. ③　21. 3　22. 6　23. 2　24. 5

021 거(차)군[車軍]

– 車로 된 한자

🎧 021 한자 듣기 ▶

7급Ⅱ

車 7획

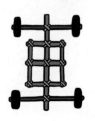

수레 모양을 본떠서 **수레 거**

또 수레처럼 물건이나 사람을 싣는 차니 **차 차**

+ 曰은 수레의 몸통, ㅣ은 세로축, 一과 一은 앞뒤 축과 바퀴.

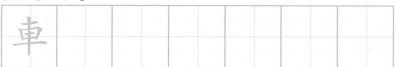

★ | 車 | 道 |
車 차 차 | 道 길 도

차도 – 자동차만 다니도록 만든 길.

| 人 | 力 | 車 |
사람 인 | 힘 력 | 수레 거

인력거 – 사람의 힘으로 끄는 수레.

순서에 맞게 한자를 써 보아요!

車								

8급

車 9획

덮어서(冖) 차(車)까지 위장한 군사니 **군사 군**

+ 冖(덮을 멱)

★ | 海 | 軍 |
바다 해 | 군사 군

해군 – 바다를 지키는 군대.

★★ | 軍 | 歌 |
군사 군 | 노래 가

군가 – 군인들이 부르는 노래.

순서에 맞게 한자를 써 보아요!

軍								

022

자자[子字]
– 子로 된 한자

🎧 022 한자 듣기 ➡

7급II

子 | 3획

아들이 두 팔 벌린() 모양을 본떠서 **아들 자**

또 낳은 아들처럼 만든 물건의 뒤에 붙이는 접미사니 **접미사 자**

+ 맨 女(여자 녀)

| ★★ | 孝 효도 효 | 子 아들 자 | 효자 – 효도하는(부모를 잘 섬기는) 아들. |
| ★ | 男 사내 남 | 子 접미사 자 | 남자 – 남성으로 태어난 사람. 사내. |

순서에 맞게 한자를 써 보아요!

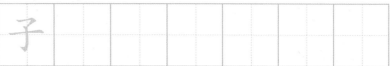

| 子 | | | | | | | |

Day 06

7급

字

子 | 6획

집(宀)에서 자식(子)이 배우고 익히는 글자니 **글자 자**

+ 宀(집 면)

| ★ | 正 바를 정 | 字 글자 자 | 정자 – ① 글자체를 바르게 또박또박 쓴 글자.
② 한자의 약자(略字)나 속자(俗字)가 아닌 본디 글자. |
| | 文 글월 문 | 字 글자 자 | 문자 – 인간의 언어를 적는 데 사용하는 기호. |

순서에 맞게 한자를 써 보아요!

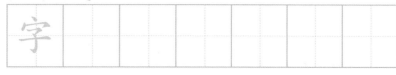

| 字 | | | | | | | |

023 녀(여)안[女安]

– 女로 된 한자

🎧 023 한자 듣기 ▶

8급

女 3획

두 손 모으고 앉아 있는 여자 모양을 본떠서 **여자 녀(여)**

+ 맨 子(아들 자, 접미사 자), 男(사내 남)

★
| 少 | 女 |
| 젊을 소 | 여자 녀 |
소녀 – (아직 완전히 성숙하지 아니한) 어린 여자아이.

★★
| 男 | 女 |
| 사내 남 | 여자 녀 |
남녀 – 남자와 여자.

순서에 맞게 한자를 써 보아요!

女									

7급Ⅱ

宀 6획

집(宀)에서 **여자**(女)가 살림하면 편안하니 **편안할 안**

+ 윤 便(편할 편, 똥오줌 변), 全(온전할 전)
+ 宀(집 면)

★
| 便 | 安 |
| 편할 편 | 편안할 안 |
편안 – 편하고 걱정 없이 좋음.

★
| 問 | 安 |
| 물을 문 | 편안할 안 |
문안 – 웃어른께 안부를 여쭘.

순서에 맞게 한자를 써 보아요!

安									

024 모 매해[母 每海]

– 母와 每로 된 한자

🎧 024 한자 듣기 ▶

8급

母 5획

여자(ㅁ) 중 젖(᠅)을 드러낸 어머니니 어머니 모

+ 凹 父(아버지 부)
+ 凹 毋 – 여자 녀(ㅁ)에 금지와 부정을 나타내는 가위표(十)를 붙여 '말 무, 없을 무'
+ ㅁ [여자 녀(女)의 변형]
+ 凹 – 모양이 비슷한 한자.

> 🧑‍🏫 선생님의 한 말씀
>
> 위아래 점(丶) 둘이 있어 젖을 나타내면 '어머니 모(母)', 금지의 가위표(十)가 있으면 '말 무, 없을 무(毋)'로 구분하세요.

★	子	母	자모 – 아들과 어머니.
	아들 자	어머니 모

순서에 맞게 한자를 써 보아요!

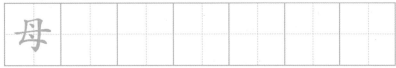

7급Ⅱ

母 7획

사람(᠘)이 매양 어머니(母)를 생각하듯 매양(항상)이니

매양 매, 항상 매

+ 매양 – 번번이. 매 때마다. 항상.
+ ᠘ [사람 인(人)의 변형]

★	每	日	매일 – 날마다.
	매양 매 항상 매	날 일

★★	每	年	매년 – ① 한 해 한 해.
	매양 매 항상 매	해 년	② 해마다.

순서에 맞게 한자를 써 보아요!

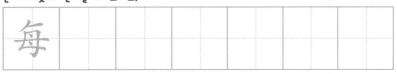

Day 06

水(氵)　10획

물(氵)이 항상(每) 있는 바다니 **바다 해**

+ 작은 바다는 '바다 해(海)', 큰 바다는 '큰 바다 양, 서양 양(洋) - 5급

★

海	上
바다 해	위 상 오를 상

해상 – 바다의 위.

★

海	外
바다 해	밖 외

해외 – 바다 밖의 다른 나라.

순서에 맞게 한자를 써 보아요!

海								

1. 다음 한자의 훈과 음을 쓰세요.

01. 每 [   ]   04. 字 [   ]

02. 安 [   ]   05. 母 [   ]

03. 軍 [   ]   06. 車 [   ]

2. 다음 밑줄 친 한자어의 음을 쓰세요.

07. 군인들이 새로운 **軍歌**에 맞춰 행진했습니다.   □□

08. **男女** 사이에는 서로 지켜야 할 예의가 있습니다.   □□

09. 할아버지께 영상통화로 **問安** 인사를 드렸다.   □□

3. 다음 밑줄 친 한자어를 〈보기〉에서 찾아 그 번호를 쓰세요.

┌ 보기 ┐
① 少女   ② 正字   ③ 孝子   ④ 每年   ⑤ 海軍   ⑥ 車道

10. 그는 동네에서 **효자**라고 소문이 났다.   □

11. 지구의 기온이 **매년** 조금씩 상승하고 있다.   □

12. 자전거가 휘청거리더니 갑자기 **차도**로 뛰어들었다.   □

정답

01. 매양 매, 항상 매 02. 편안할 안 03. 군사 군 04. 글자 자 05. 어머니 모 06. 수레 거, 차 차 07. 군가
08. 남녀 09. 문안 10. ③ 11. ④ 12. ⑥

025

일이삼[一二三]
– 나무토막으로 나타낸 숫자

🎧 025 한자 듣기 ●

8급

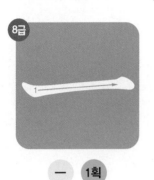

一 1획

나무토막 하나를 옆으로 놓은 모양에서 **한 일**

★
| 一
한 일 | 同
한가지 동
같을 동 |

일동 – '하나 같음'으로, 어떤 단체나 모임의 모든 사람.

★
| 同
같을 동 | 一
한 일 |

동일 – (어떤 것과 비교하여) 똑같음.

순서에 맞게 한자를 써 보아요!

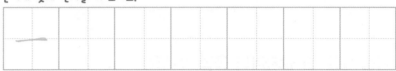

8급

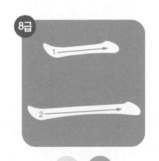

二 2획

나무토막 두 개를 옆으로 놓은 모양에서 **둘 이**

★
| 二
둘 이 | 重
거듭 중 |

이중 – 두 겹. 또는 두 번 거듭되거나 겹침.

★
| 二
둘 이 | 日
해 일
날 일 |

이일 – ① 두 날. (= 이틀)
② 그달의 둘째 날. (= 이틀)

순서에 맞게 한자를 써 보아요!

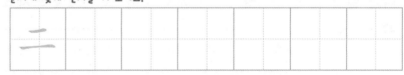

8급

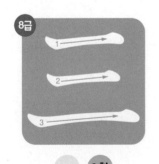

一 3획

나무토막 세 개를 옆으로 놓은 모양에서 **석 삼**

★
| 三
석 삼 | 南
남쪽 남 |

삼남 – 남쪽의 충청도·전라도·경상도를 함께 이르는 말.

★
| 三
석 삼 | 面
얼굴 면
향할 면
볼 면 |

삼면 – 세 방면.

순서에 맞게 한자를 써 보아요!

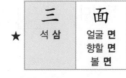

026

사오[四五]

― 숫자

🎧 026 한자 듣기 ▶

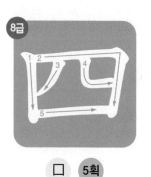

8급

口   5획

에워싼(口) 부분을 사방으로 나누어(八) 넉 **사**

+ 口(에운담), 八(여덟 팔, 나눌 팔)

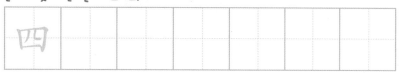

★ | 四 넉 사 | 方 방향 방 | 사방 – (동, 서, 남, 북) 네 방위.

★★ | 四 넉 사 | 寸 마디 촌 | 사촌 – '네 마디'로, 부모의 형제자매의 자녀끼리의 촌수.

순서에 맞게 한자를 써 보아요!

四								

8급

二   4획

열(十)을 둘(二)로 나눈(丨) 다섯이니 다섯 **오**

+ 十(열 십, 많을 십), 丨('뚫을 곤'이지만 여기서는 나누는 모양으로 봄)

선생님의 한 말씀

대부분 글자는 어원으로 익히면 더 쉽게 익혀지지만
五처럼 어원이 오히려 어려운 글자는 그냥 글자대로 익히셔도 됩니다.

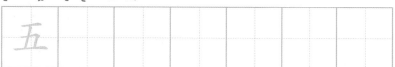

★ | 五 다섯 오 | 月 달 월 | 오월 – 한 해 가운데 다섯째 달.

★★ | 五 다섯 오 | 色 빛 색 | 오색 – ① 다섯 가지의 빛깔. 파랑, 노랑, 빨강, 하양, 검정.
② 여러 가지 빛깔.

순서에 맞게 한자를 써 보아요!

五								

Day
07

027 륙(육)칠팔[六七八]

― 숫자

🎧 027 한자 듣기 ⏵

8급

八 4획

머리(亠)를 중심으로 나눠지는(八) 방향이 동서남북 상하의 여섯이니
여섯 륙(육)

+ 亠(머리 부분 두), 八(여덟 팔, 나눌 팔)

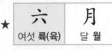

★ | 六 여섯 륙(육) | 月 달 월 |

유월 - 한 해 열두 달 가운데 여섯째 달.

★ | 六 여섯 륙(육) | 年 해 년 나이 년 |

육년 - 여섯 해.

순서에 맞게 한자를 써 보아요!

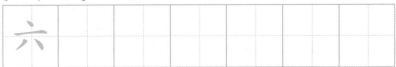

8급

一 2획

하늘(一)의 북두칠성 모양(乚)을 본떠서 **일곱 칠**

+ 一('한 일'이지만 여기서는 하늘로 봄)

| 七 일곱 칠 | 十 열 십 |

칠십 - 십의 일곱 배가 되는 수. 일흔.

★★ | 七 일곱 칠 | 夕 저녁 석 |

칠석 - 음력 칠월 초이렛날의 저녁. (은하의 서쪽에 있는 직녀와 동쪽에 있는 견우가 오작교에서 일 년에 한 번 만난다는 전설이 있음)

순서에 맞게 한자를 써 보아요!

8급

八　2획

두 손을 네 손가락씩 위로 편(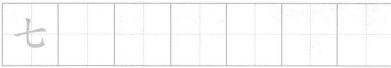) 모양에서 **여덟 팔**

또 양쪽으로 잡아당겨 나누는 모양으로도 보아 **나눌 팔**

★

八	十
여덟 팔	열 십

팔십 – 십의 여덟 배가 되는 수.

★

八	寸
여덟 팔	마디 촌

팔촌 – 부모의 육촌의 자녀끼리의 촌수.

순서에 맞게 한자를 써 보아요!

七							

028

구십[九十]

— 숫자

🎧 028 한자 듣기 ●

8급

乙　2획

열 십, 많을 십(十)의 가로줄을 구부려 하나가 모자란 아홉이라는 데서

아홉 구

또 아홉은 한 자리 숫자 중에서 제일 크고 많으니 **클 구, 많을 구**

★	九 아홉 구 클 구 많을 구	重 무거울 중 귀중할 중 거듭 중

구중 – ① '많이 거듭'으로, 여러 겹이나 층을 이르는 말.
② 겹겹이 문으로 막은 깊은 궁궐이라는 뜻으로, 임금이 있는 대궐 안을 이르는 말.

★	九 아홉 구 클 구 많을 구	萬 일만 만 많을 만	里 마을 리 거리 리

구만리 – '구만리'로, 아득하게 먼 거리를 비유적으로 이르는 말.

순서에 맞게 한자를 써 보아요!

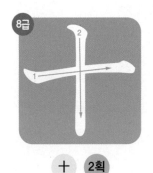

8급

十　2획

일(一)에 하나(丨)를 그어 한 묶음인 열(▦)을 나타내어 **열 십**

또 전체를 열로 보아 열이면 많다는 데서 **많을 십**

★	數 두어 수	十 열 십

수십 – 십의 여러 배가 되는 수.

★	十 열 십 많을 십	萬 일만 만 많을 만

십만 – '만'의 열 배가 되는 수.

순서에 맞게 한자를 써 보아요!

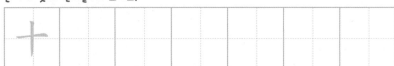

실력 체크 퀴즈 (025~028)

Day 07

점수 /12

1. 다음 한자의 훈과 음을 쓰세요.

01. 三 [   ]

02. 八 [   ]

03. 五 [   ]

04. 六 [   ]

05. 九 [   ]

06. 十 [   ]

2. 다음 밑줄 친 한자어의 음을 쓰세요.

07. 영화에 등장하는 두 주인공은 사실 <u>同一</u>인물이다. [ ][ ]

08. <u>四寸</u> 동생이 이번에 초등학교에 입학한다. [ ][ ]

09. 우리나라는 <u>三面</u>이 바다로 둘러싸여 있다. [ ][ ]

3. 다음 밑줄 친 한자어를 <보기>에서 찾아 그 번호를 쓰세요.

> **보기**
> ① 六月 ② 二重 ③ 七夕 ④ 十萬 ⑤ 五色 ⑥ 九重

10. 아무리 <u>이중</u> 잠금을 해도 불안하긴 마찬가지다. [ ]

11. 견우와 직녀는 칠월 <u>칠석</u>이 되어야만 만날 수 있다. [ ]

12. <u>오색</u> 깃발이 늘어져 있는 마당으로 들어섰다. [ ]

정답

01. 석 삼 02. 여덟 팔, 나눌 팔 03. 다섯 오 04. 여섯 륙(육) 05. 아홉 구, 클 구, 많을 구 06. 열 십, 많을 십
07. 동일 08. 사촌 09. 삼면 10. ② 11. ③ 12. ⑤

029

백백[白百]
– 白으로 된 한자

🎧 029 한자 듣기 ▶

8급

白   5획

빛나는(丿) 해(日)처럼 희고 밝으니 **흰 백, 밝을 백**

또 흰색처럼 깨끗하니 **깨끗할 백**

또 깨끗하게 분명히 아뢰니 **아뢸 백**

+ 아뢰다 – '알리다'의 높임말.
+ 丿('삐침 별'이지만, 여기서는 빛나는 모양으로 봄)

★

白	色
흰 백	빛 색

백색 – 흰색.

★

自	白
자기 자	아뢸 백

자백 – 자기가 저지른 죄나 자기의 허물을 남들 앞에서 스스로 고백함.

순서에 맞게 한자를 써 보아요!

白								

7급

白   6획

하나(一)에서 시작하여 아뢰듯(白) 소리치는 단위는 일백이니 **일백 백**

또 일백이면 많으니 **많을 백**

+ 물건을 셀 때 속으로 세다가도 큰 단위에서는 소리침을 생각하고 만든 한자.

百	事
많을 백	일 사

백사 – 여러 가지의 일. 또는 많은(모든) 일.

★★★

百	姓
일백 백 / 많을 백	성씨 성 / 백성 성

백성 – 일반 국민을 예스럽게 이르는 말.

순서에 맞게 한자를 써 보아요!

百								

030

천 우선[千 牛先]

– 千과 牛로 된 한자

🎧 030 한자 듣기 ◐

十 3획

무엇을 강조하는 삐침 별(丿)을 열 십, 많을 십(十) 위에 써서

일천 천, 많을 천

👨‍🏫 선생님의 한 말씀

한자에서는 삐침 별(丿)이나 점 주, 불똥 주(丶)로 무엇이나 어느 부분을 강조하지요.

★	千	萬	천만 – 만의 천 배가 되는 수.
	일천 천	일만 만

★	數	千	수천 – 천의 여러 배가 되는 수.
	두어 수	일천 천

순서에 맞게 한자를 써 보아요!

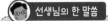

| 千 | | | | | | | |
---|---|---|---|---|---|---|---|---

牛 4획

뿔 있는 소를 본떠서 소 우

👨‍🏫 선생님의 한 말씀

글자의 앞에 붙는 부수인 변으로 쓰일 때는 '소 우 변(牜)'입니다.

Day
08

8급

人(儿) 6획

(소를 부릴 때) 소(土)가 사람(儿) 앞에 서서 먼저 가듯 먼저니

먼저 선

+ 소를 몰거나 부릴 때는 소를 앞에 세우지요.
+ 윗 前(앞 전)
+ 반 後(뒤 후, 늦을 후)
+ 土[소 우(牛)의 변형], 儿(사람 인 발)

★ | 先 먼저 선 | 後 뒤 후 |

선후 – ① 먼저와 나중을 아울러 이르는 말.
② 앞서거니 뒤서거니 함.

★ | 先 먼저 선 | 祖 조상 조 |

선조 – 먼 윗대의 조상.

순서에 맞게 한자를 써 보아요!

先								

031

설활화[舌活話]
– 舌로 된 한자

🎧 031 한자 듣기 ➕

4급

舌 6획

혀(千)가 입(口)에서 나온 모양을 본떠서 혀 설

+ 千('일천 천, 많을 천'이지만 여기서는 혀의 모양으로 봄)

7급Ⅱ

水(氵) 9획

물(氵)기가 혀(舌)에 있어야 사니 살 활

+ 鬪 生(날 생, 살 생)
+ 氵(삼 수 변)

活 살 활	力 힘 력

활력 – 살아 움직이는 힘.

★ 活 살 활	動 움직일 동

활동 – ① 몸을 움직여 행동함.
② 어떤 일의 성과를 거두기 위하여 힘씀.

순서에 맞게 한자를 써 보아요!

活									

7급Ⅱ

言 13획

말(言)을 혀(舌)로 하는 말씀이나 이야기니 말씀 화, 이야기 화

+ 鬪 語(말씀 어)

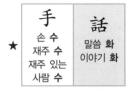

★ 手 손 수 재주 수 재주 있는 사람 수	話 말씀 화 이야기 화

수화 – 청각 장애가 있는 사람들이 손과 손가락의 모양, 손바닥의 방향, 손의 위치, 손의 움직임을 달리 하여 의미를 전달하는 언어. 같은 동작을 하더라도 표정에 따라 의미가 달라짐.

★★ 電 번개 전 전기 전	話 말씀 화 이야기 화

전화 – 전화기를 이용하여 말을 주고받음.

순서에 맞게 한자를 써 보아요!

話									

032 유 우만[内 禹 萬]

－ 内와 禹로 된 한자

🎧 032 한자 듣기 ⏵

부수자

内

5획

성(冂)처럼 사사로이(厶) 남긴 발자국이니 **발자국 유**

+ 冂(멀 경, 성 경), 厶(사사로울 사, 나 사)

급외자

禹

内 9획

밭(田)에 기른 농작물을 발자국(内) 남기며 훔쳐 먹는 원숭이니

원숭이 우

+ 田(밭 전)
+ 한자가 만들어진 중국에는 원숭이가 많답니다.

8급

萬

草(艹) 13획

풀(艹)밭에는 원숭이(禹)도 많으니 **많을 만**

또 많은 숫자인 일만이니 **일만 만**

★ | 萬 많을 만 | 物 물건 물 |

만물 – 세상에 있는 많은(모든) 물건(것).

★ | 萬 많을 만 | 事 일 사 |

만사 – 여러 가지 많은(온갖) 일.

순서에 맞게 한자를 써 보아요!

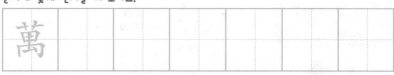

실력 체크 퀴즈 (029~032)

점수 [　　] /12

1. 다음 한자의 훈과 음을 쓰세요.

01. 百 [　　]　　04. 萬 [　　]

02. 話 [　　]　　05. 活 [　　]

03. 千 [　　]　　06. 先 [　　]

2. 다음 밑줄 친 한자어의 음을 쓰세요.

07. 시간 가는 줄도 모르고 밤새 **電話**로 떠들었다. [　][　]

08. 그는 5년 내내 꾸준히 봉사 **活動**을 했다. [　][　]

09. 탐관오리에 대한 **百姓**의 원성이 높았다. [　][　]

3. 다음 밑줄 친 한자어를 〈보기〉에서 찾아 그 번호를 쓰세요.

보기
① 自白　② 千萬　③ 先祖　④ 手話　⑤ 萬事　⑥ 先後

10. **선조**들의 지혜를 본받아야 한다. [　]

11. **만사**가 다 귀찮아도 운동은 꾸준히 해야 한다. [　]

12. 범인은 긴 조사 끝에 결국 범행을 **자백**하였다. [　]

정답

01. 일백 백, 많을 백　02. 말씀 화, 이야기 화　03. 일천 천, 많을 천　04. 많을 만, 일만 만　05. 살 활　06. 먼저 선
07. 전화　08. 활동　09. 백성　10. ③　11. ⑤　12. ①

033 소불(부)소[小不少]
– 小로 된 한자

🎧 033 한자 듣기 ❶

小 3획

하나(亅)를 나누어(八) 작으니 작을 소

+ 땐 大(큰 대)
+ 亅('갈고리 궐'이지만 여기서는 하나로 봄), 八(여덟 팔, 나눌 팔)

> **선생님의 한 말씀**
>
> 작을 소(小)는 작다는 뜻 외에 소인(小人), 소자(小子)처럼 자신을 낮추어 말할 때도 쓰입니다.

소수 – 일(一)의 자리보다 작은 자리의 값을 가진 수.

소인 – ① (나이가) 어린 사람.
② (키나 몸집 등이) 작은 사람.

순서에 맞게 한자를 써 보아요!

小									

7급Ⅱ

一 4획

하나(一)의 작은(小) 잘못도 해서는 아니 되니 아닐 불, 아닐 부

+ 땐 正(바를 정)

> **선생님의 한 말씀**
>
> 아닐 불, 아닐 부(不)는 'ㄷ, ㅈ'으로 시작하는 글자 앞에서는 '부'로 발음합니다.

불안 – 편안하지 않음.

★★ 부족 – (필요한 양이나 기준에 미치지 못해) 넉넉하지 않음.

순서에 맞게 한자를 써 보아요!

不									

7급

小 4획

작은(小) 것이 또 떨어져 나가(丿) 적으니 **적을 소**

또 나이가 적어 젊으니 **젊을 소**

+ 뺀 老(늙을 로)
+ 丿('삐침 별'이지만 여기서는 떨어져 나가는 모양으로 봄)

★ | 少 | 數 |
|---|---|
| 적을 소 | 셀 수 |

소수 – 적은 수효.

★ | 老 | 少 |
|---|---|
| 늙을 로(노) | 젊을 소 |

노소 – 늙은이와 젊은이를 아울러 이르는 말.

순서에 맞게 한자를 써 보아요!

少							

Day
09

034

혈공[穴空]

– 穴로 된 한자

🎧 034 한자 듣기 ⊙

3급Ⅱ

穴   5획

집(宀)에 나누어진(八) 구멍이니 **구멍 혈**

또 구멍이 길게 파인 굴이니 **굴 혈**

+ 宀(집 면), 八(여덟 팔, 나눌 팔)

7급Ⅱ

穴   8획

굴(穴)처럼 만들어(工) 속이 비니 **빌 공**

또 크게 빈 공간은 하늘이니 **하늘 공**

+ 工(장인 공, 만들 공, 연장 공)

★	空 빌 공	白 깨끗할 백

공백 – (아무것도 없이) 비어 깨끗함(비어 있음).

★★	空 빌 공 하늘 공	間 사이 간

공간 – ① 아무것도 없는 빈 곳.
② 쓰지 아니하는 빈칸.

순서에 맞게 한자를 써 보아요!

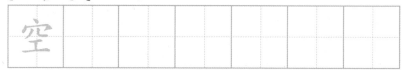

空							

035

간평[干平]
– 干으로 된 한자

🎧 035 한자 듣기 ▶

4급

干 3획

손잡이 있는 방패를 본떠서 **방패 간**
또 방패로 무엇을 범하면 얼마간 정도 마르니
범할 간, 얼마 간, 마를 간

7급 II

干 5획

방패(干)의 나누어진(八) 면처럼 평평하니 **평평할 평**
또 평평하듯 아무 일 없는 평화니 **평화 평**

+ 昷 安(편안할 안)

★

平 평평할 평 평화 평	安 편안할 안

평안 – 걱정이나 탈이 없음. 또는 무사히 잘 있음.

★

平 평평할 평	地 땅 지

평지 – 바닥이 평평한 땅.

★

平 평평할 평	面 얼굴 면 향할 면 볼 면

평면 – 평평한 표면.

순서에 맞게 한자를 써 보아요!

平								

Day
09

036

오년[午年]

– 午로 된 한자

🎧 036 한자 듣기 ▶

7급 II

十　4획

방패 간(干) 위에 삐침 별(丿)을 그어,

전쟁에서 중요한 동물이 말임을 나타내어 **말 오**

또 방패(干)에 비치는 햇빛이 거꾸로 기울기(丿) 시작하는 낮이니

낮 오

★★ | 正 바를 정 | 午 낮 오 |
|---|---|

정오 – '바른 낮'으로, 낮 열두 시.

★ | 午 낮 오 | 前 앞 전 |
|---|---|

오전 – '정오 전'으로, 자정부터 낮 열두 시까지의 시간.

순서에 맞게 한자를 써 보아요!

8급

干　6획

낮(午)이 숨은(宀) 듯 가고 오고 하여

해가 바뀌고 먹는 나이니 해 **년(연)**, 나이 **년(연)**

+ 宀[감출 혜, 덮을 혜(ㄴ, = 匚)의 변형]

★★ | 少 적을 소 젊을 소 | 年 해 년 나이 년 |
|---|---|

소년 – ① (아직 완전히 성숙하지 아니한) 어린 사내아이.
② 젊은 나이. 또는 그런 나이의 사람.
③ 소년법에서, 19세 미만인 사람을 이르는 말.

★★ | 每 매양 매 | 年 해 년 |
|---|---|

매년 – ① 한 해 한 해.
② 해마다.

순서에 맞게 한자를 써 보아요!

1. 다음 한자의 훈과 음을 쓰세요.

01. 空 ☐

02. 小 ☐

03. 平 ☐

04. 年 ☐

05. 不 ☐

06. 午 ☐

2. 다음 밑줄 친 한자어의 음을 쓰세요.

07. 저기 흰 바지를 입은 **少年**이 탑승을 도와줬다. ☐☐

08. 우리 아파트는 주차 **空間**이 너무 부족하다. ☐☐

09. **正午**에는 해가 머리 위에 있다. ☐☐

3. 다음 밑줄 친 한자어를 〈보기〉에서 찾아 그 번호를 쓰세요.

┌ 보기 ┐
① 不足   ② 平面   ③ 空白   ④ 少數   ⑤ 小數   ⑥ 多少

10. 나는 그와의 식사 자리가 **다소** 부담스러웠다. ☐

11. 옛날에는 지구가 **평면**이라고 믿었다. ☐

12. 아무리 **소수**의 의견이라도 묵살하면 안 된다. ☐

정답

01. 빌 공, 하늘 공 02. 작을 소 03. 평평할 평, 평화 평 04. 해 년(연), 나이 년(연) 05. 아닐 불·부
06. 말 오, 낮 오 07. 소년 08. 공간 09. 정오 10. ⑥ 11. ② 12. ④

037

심필[心必]

– 心으로 된 한자

🎧 037 한자 듣기 ➡

心　4획

마음이 가슴에 있다고 생각하여 심장을 본떠서 **마음 심**

또 심장이 있는 몸의 중심이니 **중심 심**

+ 땐 物(물건 물)

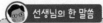선생님의 한 말씀

心이 글자의 부수 중 변으로 쓰일 때는 '마음 심 변(忄)', 글자의 발로 쓰일 때는 '마음 심 발(㣺)'이고, 心 그대로 글자의 발로 쓰일 때도 있습니다.

★★ | 安 편안할 안 | 心 마음 심 |

안심 – '편안한 마음'으로, 모든 걱정을 떨쳐 버리고 마음을 편히 가짐.

★ | 心 마음 심 | 氣 기운 기 대기 기 |

심기 – 마음으로 느끼는 기분.

순서에 맞게 한자를 써 보아요!

心 5획

하나(丿)에만 매달리는 마음(心)으로 반드시 이루니 **반드시 필**

+ 丿('삐침 별'이지만 여기서는 하나로 봄)

038 전남리[田男里]

– 田으로 된 한자

🎧 038 한자 듣기 ▶

田 5획

4급Ⅱ

사방을 경계 짓고(囗) 나눈(十) 밭의 모양에서 **밭 전**

+ 十('열 십, 많을 십'이지만 여기서는 나눈 모양으로 봄)

7급Ⅱ

田 7획

밭(田)에 나가 힘(力)써 일하는 사내니 **사내 남**

+ 맨 女(여자 녀)

| ★★ | 長 어른 장 | 男 사내 남 |

장남 – '어른 사내'로, 둘 이상의 아들 가운데 맏이가 되는 아들.

| ★★ | 男 사내 남 | 女 여자 녀 |

남녀 – 남자와 여자를 아울러 이르는 말.

순서에 맞게 한자를 써 보아요!

男								

Day 10

里 7획

먹을거리를 생산하는 밭(田)과 논이 있는 땅(土)에 형성되었던
마을이니 **마을 리(이)**

또 거리를 재는 단위로도 쓰여 **거리 리(이)**

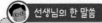 선생님의 한 말씀

숫자 개념이 없었던 옛날에는 어느 마을에서 어느 마을까지의 몇 배 정도로 거리를 셈하다가,
후대로 오면서 1리는 400m, 10리는 4km로 정하여 쓰게 되었습니다.

★  里 長
　　마을 리(이)　어른 장
이장 – '마을의 어른'으로, 마을의 사무를 맡아 보는 사람.

★  洞 里
　　마을 동　마을 리
동리 – 마을.

순서에 맞게 한자를 써 보아요!

里									

039 중동[重動]
– 重으로 된 한자

🎧 039 한자 듣기 ▶

7급

里　9획

많은(千) 마을(里)에서 모은 것이라 무겁고 귀중하니

무거울 중, 귀중할 중

또 무겁고 귀중하여 거듭 다루니 거듭 중

+ 千(일천 천, 많을 천) – 제목번호 030 참고

| ★ | 重 무거울 중 | 力 힘 력 | 중력 – ① 큰 힘. ② 지구 위의 물체가 지구로부터 받는 힘. |
| ★★ | 所 바 소 | 重 귀중할 중 | 소중 – 매우 귀중함. |

순서에 맞게 한자를 써 보아요!

重								

7급Ⅱ

力　11획

무거운(重) 것도 힘(力)쓰면 움직이니 움직일 동

+ 力(힘 력) – 제목번호 049 참고

| ★★ | 活 살 활 | 動 움직일 동 | 활동 – ① 몸을 움직여 행동함. ② 어떤 일의 성과를 거두기 위하여 힘씀. |
| ★★ | 動 움직일 동 | 物 물건 물 | 동물 – '움직이는 물건'으로, 생물계의 두 갈래 가운데 하나. |

순서에 맞게 한자를 써 보아요!

動								

Day
10

040

기기[气氣]
– 气로 된 한자

🎧 040 한자 듣기 ▶

부수자

4획

사람(丿) 입에서 입김(一)이 나오는(乀) 기운이니 기운 기

＋ 기운 – ① 살아 움직이는 힘.
　　　　　 ② 눈에 보이지는 않지만 느껴지는 현상.
＋ 丿[사람 인(人)의 변형], 一('한 일'이지만 여기서는 입김으로 봄)

7급

气 10획

기운(气)이 쌀(米)밥을 지을 때처럼 올라가는 기운이니 기운 기

또 이런 기운으로 이루어지는 대기니 대기 기

＋ 米(쌀 미) – 제목번호 016 참고

★	氣 기운 기	力 힘 력	기력 – 기운과 힘.
	大 큰 대	氣 기운 기	대기 – '큰 기운'으로, 공기를 달리 이르는 말.
★	氣 기운 기	色 빛 색	기색 – '기운 빛'으로, 마음의 작용으로 얼굴에 드러나는 빛.

순서에 맞게 한자를 써 보아요!

氣							

1. 다음 한자의 훈과 음을 쓰세요.

01. 男 [   ]

02. 動 [   ]

03. 心 [   ]

04. 氣 [   ]

05. 里 [   ]

06. 重 [   ]

2. 다음 밑줄 친 한자어의 음을 쓰세요.

07. 다음 소풍은 **動物**원으로 갔으면 좋겠다.　[ ][ ]

08. 어머니는 **長男**에 대한 기대가 크시다.　[ ][ ]

09. 아침 알람을 8개나 맞췄으니 이제 **安心**이다.　[ ][ ]

3. 다음 밑줄 친 한자어를 〈보기〉에서 찾아 그 번호를 쓰세요.

보기
① 心氣　② 里長　③ 所重　④ 重力　⑤ 氣力　⑥ 氣色

10. 할머니는 90세임에도 아직도 **기력**이 좋으시다.　[ ]

11. 비싼 것은 아니지만 나에게는 가장 **소중**한 거야.　[ ]

12. 우리 동네 **이장**님은 아침부터 저녁까지 바쁘다.　[ ]

정답

01. 사내 남　02. 움직일 동　03. 마음 심, 중심 심　04. 기운 기, 대기 기　05. 마을 리(이), 거리 리(이)
06. 무거울 중, 귀중할 중, 거듭 중　07. 동물　08. 장남　09. 안심　10. ⑤　11. ③　12. ②

중간 점검 퀴즈 (021~040)

점수 _____ /24

1. 다음 한자의 훈과 음을 쓰세요.

01. 平 ☐   04. 萬 ☐

02. 八 ☐   05. 午 ☐

03. 每 ☐   06. 先 ☐

2. 다음 밑줄 친 한자어의 음을 쓰세요.

07. 내 뜻대로 하지 못해 **心氣**가 불편하다. ☐☐

08. 달의 **重力**은 지구의 6분의 1이다. ☐☐

09. 시계가 **正午**를 가리키고 있습니다. ☐☐

3. 다음 밑줄 친 한자어를 〈보기〉에서 찾아 그 번호를 쓰세요.

보기

① 四方   ② 平安   ③ 五月   ④ 每日   ⑤ 所重   ⑥ 活動

10. 가내 두루 **평안**하시기를 바랍니다. ☐

11. 나의 고등학교 생활은 **소중**한 추억으로 남아 있다. ☐

12. 교회 종소리가 **사방**으로 울려 퍼졌다. ☐

정답

01. 평평할 평, 평화 평 02. 여덟 팔, 나눌 팔 03. 매양 매, 항상 매 04. 많을 만, 일만 만 05. 말 오, 낮 오 06. 먼저 선 07. 심기 08. 중력 09. 정오 10. ② 11. ⑤ 12. ①

4. 다음 훈과 음에 맞는 한자를 〈보기〉에서 찾아 그 번호를 쓰세요.

보기

① 七　② 軍　③ 車　④ 不　⑤ 小　⑥ 少　⑦ 百　⑧ 字

13. 군사 군 ☐

14. 글자 자 ☐

15. 아닐 불·부 ☐

16. 적을 소 ☐

17. 일곱 칠 ☐

18. 일백 백 ☐

5. 다음 뜻에 맞는 한자어를 〈보기〉에서 찾아 그 번호를 쓰세요.

보기

① 二日　② 百姓　③ 七夕　④ 三面　⑤ 二重　⑥ 數千

19. 일반 국민을 예스럽게 이르는 말. ☐

20. 두 겹, 또는 두 번 거듭되거나 겹침. ☐

6. 다음 한자의 진하게 표시한 획은 몇 번째 쓰는지 숫자로 쓰세요.

21. 萬 ☐

22. 午 ☐

23. 九 ☐

24. 每 ☐

정답

13. ② 14. ⑧ 15. ④ 16. ⑥ 17. ① 18. ⑦ 19. ② 20. ⑤ 21. 9 22. 3 23. 1 24. 5

041 토금(김)[土金]
- 土로 된 한자

🎧 041 한자 듣기 ●

土　3획

많이(十) 땅(一)에 있는 흙이니 **흙 토**

+ ㊤ 地(땅 지, 처지 지)

토지 – ① 땅. 흙.
② 사람이 생활에 이용하는 땅.

국토 – 나라의 땅. 한 나라의 통치권이 미치는 지역.

순서에 맞게 한자를 써 보아요!

土								

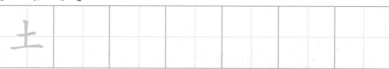

金　8획

덮여 있는(人) 한(一)곳의 흙(土)에 반짝반짝(ヽヽ) 빛나는
쇠나 금이니 **쇠 금, 금 금**

또 금처럼 귀한 돈이니 **돈 금, 성씨 김**

+ 人('사람 인'이지만 여기서는 덮여 있는 모양으로 봄), ヽ('점 주, 불똥 주'지만 여기서
는 반짝반짝 빛나는 모양으로 봄), 土(흙 토)

金 금 금	色 빛 색

금색 – 황금과 같이 광택이 나는 누런색.

入 들 입	金 돈 금

입금 – 돈을 들여놓거나 넣음. 또는 그 돈.

순서에 맞게 한자를 써 보아요!

金								

042

생성[生姓]
– 生으로 된 한자

🎧 042 한자 듣기 ●

Day
11

8급

生　5획

사람(亻)이 흙(土)에 나서 사니
날 **생**, 살 **생**, 사람을 부를 때 쓰는 접사 **생**
+ 鬼 出(날 출, 나갈 출), 活(살 활)
+ 亻[사람 인(人)의 변형], 土(흙 토)

★ | 生 날 생 | 日 날 일 | 생일 – 세상에 태어난 날. 탄생일.

★★ | 生 살 생 | 命 목숨 명 | 생명 – ① 살아 있는 목숨.
② 사물이 유지되는 기간.

★ | 學 배울 학 | 生 사람을 부를 때 쓰는 접사 생 | 학생 – 배우는 사람.

7급Ⅱ

女　8획

여자(女)가 자식을 낳아(生) 다른 사람과 구별하기 위하여 붙인
성씨니 성씨 **성**
또 나라의 여러 성씨가 모인 백성이니 백성 **성**
+ 女(여자 녀)

★ | 姓 성씨 성 | 名 이름 명 | 성명 – 성과 이름.

★★ | 百 많을 백 | 姓 성씨 성 | 백성 – 일반 국민을 예스럽게 이르는 말.

+ 예스럽다 – 옛것과 같은 맛이나 멋이 있다.

순서에 맞게 한자를 써 보아요!

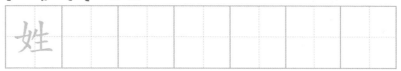

043 왕옥[王玉]
– 玉으로 된 한자

🎧 043 한자 듣기 ⊙

8급

王(玉)　4획

하늘(一) 땅(一) 사람(一)의 뜻을 두루 꿰뚫어(ㅣ) 보아야 했던 임금이니 **임금 왕**

또 임금처럼 그 분야에서 으뜸이니 **으뜸 왕**

또 구슬 옥(玉)이 부수로 쓰일 때의 모양으로 **구슬 옥 변**

+ 一('한 일'이지만 여기서는 하늘·땅·사람으로 봄), ㅣ(뚫을 곤)

| 王
임금 왕 | 命
명령할 명
목숨 명
운명 명 | **왕명** – ① 임금의 명령.
② 임금의 목숨. |

순서에 맞게 한자를 써 보아요!

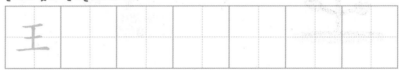

王									

4급Ⅱ

玉　5획

임금 왕(王) 우측에 점(ヽ)을 찍어서 **구슬 옥**

👓👓 선생님의 한 말씀

원래는 구슬 세(三) 개를 끈으로 꿰어(ㅣ) 놓은 모양(王)이었으나 임금 왕(王)과 구별하기 위하여 점 주, 불똥 주(ヽ)를 더했네요. 그러나 임금 왕(王)은 부수로 쓰이지 않으니, 구슬 옥(玉)이 부수로 쓰일 때는 원래의 모양인 王으로 쓰고 '구슬 옥 변'이라 부르지요.

044

주주[主住]
– 主로 된 한자

🎧 044 한자 듣기 ◉

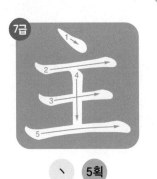

7급

`丶` 5획

(임금보다 더 책임감을 갖는 분이 주인이니)
점(丶)을 임금 왕(王) 위에 찍어서 **주인 주**
+ 丶(점 주, 불똥 주)

★★

主	人
주인 주	사람 인

주인 – 대상이나 물건 따위를 소유한 사람. 임자.

★

自	主
자기 자 스스로 자 부터 자	주인 주

자주 – '스스로 주인'으로, (남의 보호나 간섭을 받지 아니하고) 자기 일을 스스로 처리함.

순서에 맞게 한자를 써 보아요!

7급

人(亻) 7획

사람(亻)이 주(主)로 사는 곳이니 **살 주, 사는 곳 주**

★★

住	所
사는 곳 주	장소 소

주소 – 사는 장소.

★★

住	民
살 주	백성 민

주민 – (일정한 지역에) 살고 있는 사람.

순서에 맞게 한자를 써 보아요!

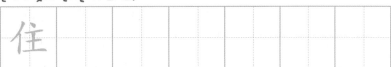

Day 11

실력 체크 퀴즈 (041~044)

점수 ___ /12

1. 다음 한자의 훈과 음을 쓰세요.

01. 生 ___

02. 主 ___

03. 金 ___

04. 王 ___

05. 姓 ___

06. 土 ___

2. 다음 밑줄 친 한자어의 음을 쓰세요.

07. 편지를 부칠 때는 **住所**를 정확히 적어야 한다. ☐☐

08. 그는 나를 구해 준 **生命**의 은인이다. ☐☐

09. 이번 달 월급이 통장에 **入金**되었다. ☐☐

3. 다음 밑줄 친 한자어를 <보기>에서 찾아 그 번호를 쓰세요.

• 보기 •

① 國土　② 金色　③ 姓名　④ 學生　⑤ 王命　⑥ 主人

10. 우리나라 **국토**는 대부분 산으로 이루어져 있다. ☐

11. 운동장에서 뛰어놀고 있는 **학생**이 다섯 정도 된다. ☐

12. 아버지는 가게 **주인**과 사소한 말다툼을 했다. ☐

정답

1. 날 생, 살 생, 사람을 부를 때 쓰는 접사 생 02. 주인 주 03. 쇠 금, 금 금, 돈 금, 성씨 김 04. 임금 왕, 으뜸 왕
05. 성씨 성, 백성 성 06. 흙 토 07. 주소 08. 생명 09. 입금 10. ① 11. ④ 12. ⑥

045

원(엔)청[円青]

– 円으로 된 한자

특급Ⅱ

冂　4획

성(冂)은 세로(l)나 가로(一)로 보아도 둥근 둘레니

둥글 **원**, 둘레 **원**

또 일본 화폐 단위로도 쓰여 일본 화폐 단위 **엔**

+ 冂(멀 경, 성 경)

8급

青　8획

주(龶)된 둘레(円)의 색은 푸르니 푸를 **청**

또 푸르면 젊으니 젊을 **청**

+ 龶[주인 주(主)의 변형]

> 🧑‍🏫 **선생님의 한 말씀**
>
> 푸를 청, 젊을 청(青)이 들어간 한자는 대부분 '푸르고 맑고 희망이 있고 젊다'는 좋은 의미지요. 青이 들어간 한자를 약자로 쓸 때는 '円'부분을 '月(달 월, 육 달 월)'로 씁니다.

★ | 青 | 色 |
   |---|---|
   | 푸를 청 | 빛 색 |

청색 – 푸른 빛.

★ | 青 | 少 | 年 |
   |---|---|---|
   | 젊을 청 | 젊을 소 | 나이 년 |

청소년 – 청년과 소년의 총칭으로, 10대의 남녀
를 말함.

순서에 맞게 한자를 써 보아요!

青

046
비 화화[匕 化花]
– 匕와 化로 된 한자

🎧 046 한자 듣기 ⊙

1급

匕   2획

비수를 본떠서 **비수 비**

또 비수처럼 입에 찔러 먹는 숟가락이니 **숟가락 비**

+ 비수(匕首) – 짧고 날카로운 칼.
+ 首(머리 수, 우두머리 수)

5급 II

匕   4획

사람(亻)이 비수(匕) 같은 마음을 품고 일하면 안 되는 일도 되고

변화하니 **될 화, 변화할 화**

또 되도록 가르치니 **가르칠 화**

+ 亻(사람 인 변)

7급

草(艹)   8획

풀(艹)의 일부가 변하여(化) 피는 꽃이니 **꽃 화**

+ 艹(초 두)

★★★ | 花 꽃 화 | 草 풀 초 |

화초 – 꽃이 피는 풀과 나무. 또는 꽃이 없더라도 관상용이 되는 모든 식물을 통틀어 이르는 말.

★ | 生 살 생 | 花 꽃 화 |

생화 – 살아 있는 꽃.

순서에 맞게 한자를 써 보아요!

花								

047

로로효[耂老孝]
- 耂로 된 한자

🎧 047 한자 듣기 ▶

부수자

4획

늙을 로(老)가 부수로 쓰일 때의 모양으로,
흙(土)에 지팡이(丿)를 짚으며 걸어야 할 정도로 늙으니
늙을 로 엄

+ 土(흙 토), 丿('삐침 별'이지만 여기서는 지팡이로 봄)

> 👨‍🏫 선생님의 한 말씀
>
> '엄'은 글자의 위와 왼쪽을 덮는 부수 이름이기에,
> 제목은 원래 글자인 늙을 로(老)의 '로'로 달았습니다.

Day
12

7급

老 6획

흙(土)에 지팡이(丿)를 비수(匕)처럼 짚으며 걸어야 할 정도로
늙으니 **늙을 로(노)**

+ 맨 少(적을 소, 젊을 소)
+ 匕(비수 비, 숟가락 비)

★ | 老 늙을 로(노) | 人 사람 인 | 노인 – (나이 들어) 늙은 사람.

★ | 年 나이 년(연) | 老 늙을 로 | 연로 – 나이 들어 늙음. 나이가 많음.

순서에 맞게 한자를 써 보아요!

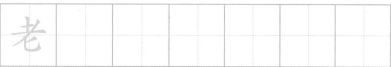

7급Ⅱ

子 7획

늙은(耂) 부모를 아들(子)이 받들어 모시는 효도니 **효도 효**

+ 子(아들 자, 접미사 자)

★ | 孝 효도 효 | 女 여자 녀 | 효녀 – 효도하는(부모를 잘 섬기는) 딸.

★ ★ | 孝 효도 효 | 子 아들 자 | 효자 – 효도하는(부모를 잘 섬기는) 아들.

순서에 맞게 한자를 써 보아요!

048 곡 진(신)농[曲 辰農]

－ 曲과 辰으로 된 한자

🎧 048 한자 듣기 ▶

5급

日　6획

대바구니의 굽은 모양을 본떠서 **굽을 곡**

또 굽은 듯 올라가고 내려가는 가락의 노래니 **노래 곡**

3급Ⅱ

辰　7획

전갈자리(🦂→ 𠂤) 별 모양을 본떠서 **별 진, 날 신**

7급Ⅱ

辰　13획

허리 구부리고(曲) 별(辰) 있는 새벽부터 짓는 농사니 **농사 농**

+ 曲(굽을 곡, 노래 곡)

선생님의 한 말씀

농사는 새벽부터 일해야 하는 힘든 육체노동이지요.

★★	農 농사 농	夫 사내 부	농부 – 농사를 직업으로 삼는 사내(사람).
★★	農 농사 농	村 마을 촌	농촌 – 농사짓는 사람들이 주로 사는 마을.

순서에 맞게 한자를 써 보아요!

農								

실력 체크 퀴즈 (045~048)

점수 　　　　 /11

1. 다음 한자의 훈과 음을 쓰세요.

01. 孝 ☐

04. 花 ☐

02. 農 ☐

05. 老 ☐

03. 靑 ☐

2. 다음 밑줄 친 한자어의 음을 쓰세요.

06. 누나는 온실에 온갖 **花草**를 심어 기르고 있다. ☐☐

07. **農夫**에게 땅보다 중요한 것은 없다. ☐☐

08. 그 가수는 **靑少年**들에게 인기가 많다. ☐☐☐

3. 다음 밑줄 친 한자어를 〈보기〉에서 찾아 그 번호를 쓰세요.

┌─ 보기 ─────────────────────────────────┐
① 靑色　② 孝女　③ 農村　④ 老人　⑤ 生花　⑥ 年老
└──┘

09. 요즘 **농촌**에서는 젊은이를 찾기가 힘들다. ☐

10. 경로당에서 **노인**들을 위한 행사를 진행한다. ☐

11. 그는 **생화**로 만든 꽃다발을 받고 감동했다. ☐

정답

01. 효도 효　02. 농사 농　03. 푸를 청, 젊을 청　04. 꽃 화　05. 늙을 로(노)　06. 화초　07. 농부　08. 청소년
09. ③　10. ④　11. ⑤

049 수모 력[手毛 力]

– 手毛와 力

🎧 049 한자 듣기 ▶

手　4획

7급Ⅱ

손가락을 편 손을 본떠서 **손 수**

또 손으로 하는 재주나 재주 있는 사람을 가리켜서

재주 수, 재주 있는 사람 수

+ 땐 足(발 족, 넉넉할 족)
+ 글자의 왼쪽에 붙는 부수인 변으로 쓰일 때는 '손 수 변(扌)'

> 🧑‍🏫 **선생님의 한 말씀**
>
> 털 모(毛)와 손 수, 재주 수, 재주 있는 사람 수(手)는 모양이 비슷하지만 구부러진 방향이 다르네요.

手	足
손 수	발 족

수족 – ① 손과 발.
　　　② 손발과 같이 마음대로 부리는 사람.

木	手
나무 목	재주 있는 사람 수

★ 목수 – 나무를 다루어 집을 짓거나 가구, 기구 따위를 만드는 일을 직업으로 하는 사람.

歌	手
노래 가	재주 있는 사람 수

★★ 가수 – 노래 부르는 것이 직업인 사람.

순서에 맞게 한자를 써 보아요!

手								

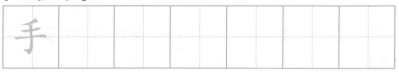

짐승의 꼬리털(🦨→毛)을 본떠서 **털 모**

毛　4획

4급Ⅱ

力 2획

팔에 힘줄이 드러난 모양을 본떠서 **힘 력(역)**

人	力
사람 인	힘 력

인력 – ① 사람의 힘.
② 사람의 노동력.

全	力
온전할 전	힘 력

★ **전력** – 온전한(모든) 힘.

순서에 맞게 한자를 써 보아요!

力								

050

을 야지 [乙 也 地]

– 乙과 也로 된 한자

🎧 050 한자 듣기 ●

3급Ⅱ

乙　1획

부리가 나오고 목과 가슴 사이가 굽은 새를 본떠서 **새 을**

+ 부수로 쓰일 때는 변형된 모양(乚)으로도 쓰입니다.

3급

乙(乚)　3획

힘(𠃌)껏 새(乚) 같은 힘도 또한 보태는 어조사니

또한 야, 어조사 야

+ 또한 – ① 어떤 것을 전제로 하고 그것과 같게.
　　　　② 그 위에 더. 거기에다 더.
+ 𠃌[힘 력(力)의 변형]

7급

土　6획

흙(土) 또한(也) 온 누리에 깔린 땅이니 **땅 지**

또 어떤 땅 같은 처지니 **처지 지**

+ 땐 天(하늘 천)
+ 土(흙 토)

★

地	面
땅 지	향할 면

지면 – 땅의 얼굴(표면). 땅바닥.

★

平	地
평평할 평	땅 지

평지 – 바닥이 평평한 땅.

순서에 맞게 한자를 써 보아요!

地								

※ 10개년 기출문제를 분석해 빈출순으로 번호를 붙였습니다.
  왼쪽 페이지는 한자, 오른쪽 페이지는 훈음으로 구성하였으니 번갈아 보며 학습해 보세요.

❶ 冬	❷ 夏	❸ 川	❹ 林	❺ 江	❻ 夕	❼ 有	❽ 答
❾ 來	❿ 世	⓫ 里	⓬ 命	⓭ 植	⓮ 邑	⓯ 足	⓰ 直
⓱ 工	⓲ 洞	⓳ 老	⓴ 室	㉑ 旗	㉒ 少	㉓ 育	㉔ 左
㉕ 休	㉖ 空	㉗ 南	㉘ 夫	㉙ 住	㉚ 村	㉛ 平	㉜ 花
㉝ 話	㉞ 孝	㉟ 車	㊱ 軍	㊲ 記	㊳ 東	㊴ 立	㊵ 名
㊶ 文	㊷ 右	㊸ 重	㊹ 寸	㊺ 家	㊻ 歌	㊼ 間	㊽ 方
㊾ 算	㊿ 春	51 海	52 道	53 同	54 先	55 然	56 王
57 活	58 動	59 登	60 民	61 北	62 所	63 市	64 時
65 弟	66 祖	67 主	68 口	69 氣	70 內	71 每	72 問
73 白	74 午	75 外	76 前	77 草	78 力	79 男	80 六

❶ 겨울 동	❷ 여름 하	❸ 내 천	❹ 수풀 림	❺ 강 강	❻ 저녁 석	❼ 있을 유	❽ 대답할 답
❾ 올 래(내)	❿ 세상 세	⓫ 마을 리(이)	⓬ 목숨 명	⓭ 심을 식	⓮ 고을 읍	⓯ 발 족	⓰ 곧을 직
⓱ 장인 공	⓲ 마을 동	⓳ 늙을 로(노)	⓴ 집 실	㉑ 기 기	㉒ 적을 소	㉓ 기를 육	㉔ 왼쪽 좌
㉕ 쉴 휴	㉖ 빌 공	㉗ 남쪽 남	㉘ 사내 부	㉙ 살 주	㉚ 마을 촌	㉛ 평평할 평	㉜ 꽃 화
㉝ 말씀 화	㉞ 효도 효	㉟ 수레 거 차 차	㊱ 군사 군	㊲ 기록할 기	㊳ 동쪽 동	㊴ 설 립(입)	㊵ 이름 명
㊶ 글월 문	㊷ 오른쪽 우	㊸ 무거울 중	㊹ 마디 촌	㊺ 집 가	㊻ 노래 가	㊼ 사이 간	㊽ 모 방
㊾ 셈 산	㊿ 봄 춘	51 바다 해	52 길 도	53 한가지 동	54 먼저 선	55 그러할 연	56 임금 왕
57 살 활	58 움직일 동	59 오를 등	60 백성 민	61 북쪽 북	62 바 소	63 시장 시	64 때 시
65 아우 제	66 조상 조	67 주인 주	68 입 구	69 기운 기	70 안 내	71 매양 매	72 물을 문
73 흰 백	74 낮 오	75 밖 외	76 앞 전	77 풀 초	78 힘 력	79 사내 남	80 여섯 륙(육)

⑧¹ 面	⑧² 姓	⑧³ 安	⑧⁴ 月	⑧⁵ 全	⑧⁶ 千	⑧⁷ 天	⑧⁸ 秋
⑧⁹ 土	⑨⁰ 校	⑨¹ 農	⑨² 力	⑨³ 萬	⑨⁴ 門	⑨⁵ 不	⑨⁶ 西
⑨⁷ 水	⑨⁸ 正	⑨⁹ 中	⑩⁰ 紙	⑩¹ 靑	⑩² 出	⑩³ 便	⑩⁴ 下
⑩⁵ 火	⑩⁶ 敎	⑩⁷ 母	⑩⁸ 木	⑩⁹ 上	⑩ 食	⑪ 五	⑫ 入
⑬ 子	⑭ 自	⑮ 場	⑯ 電	⑰ 金	⑱ 年	⑲ 大	⑳ 百
⑪ 父	⑫ 事	⑬ 色	⑭ 小	⑮ 數	⑯ 十	⑰ 語	⑱ 七
⑲ 後	⑬⁰ 生	⑬¹ 手	⑬² 地	⑬³ 八	⑬⁴ 韓	⑬⁵ 女	⑬⁶ 物
⑬⁷ 心	⑬⁸ 二	⑬⁹ 日	⑭⁰ 長	⑭¹ 學	⑭² 漢	⑭³ 兄	⑭⁴ 國
⑭⁵ 四	⑭⁶ 山	⑭⁷ 三	⑭⁸ 人	⑭⁹ 一	⑮⁰ 字		

㉛ 얼굴 면	㉜ 성씨 성	㉝ 편안할 안	㉞ 달 월	㉟ 온전할 전	㊱ 일천 천	㊲ 하늘 천	㊳ 가을 추
㊴ 흙 토	㊵ 학교 교	㊶ 농사 농	㊷ 힘 력(역)	㊸ 일만 만	㊹ 문 문	㊺ 아닐 불·부	㊻ 서쪽 서
㊼ 물 수	㊽ 바를 정	㊾ 가운데 중	⑩ 종이 지	⑪ 푸를 청	⑫ 날 출	⑬ 편할 편 똥오줌 변	⑭ 아래 하
⑮ 불 화	⑯ 가르칠 교	⑰ 어머니 모	⑱ 나무 목	⑲ 위 상	⑳ 먹을 식	㉑ 다섯 오	㉒ 들 입
㉓ 아들 자	㉔ 스스로 자	㉕ 마당 장	㉖ 번개 전	㉗ 쇠 금 성씨 김	㉘ 해 년(연)	㉙ 큰 대	㉚ 일백 백
㉑ 아버지 부	㉒ 일 사	㉓ 빛 색	㉔ 작을 소	㉕ 셀 수	㉖ 열 십	㉗ 말씀 어	㉘ 일곱 칠
㉙ 뒤 후	㉚ 날 생	㉛ 손 수	㉜ 땅 지	㉝ 여덟 팔	㉞ 한국 한	㉟ 여자 녀(여)	㊱ 물건 물
㊲ 마음 심	㊳ 둘 이	㊴ 날 일	㊵ 길 장	㊶ 배울 학	㊷ 한나라 한	㊸ 형 형	㊹ 나라 국
㊺ 넉 사	㊻ 산 산	㊼ 석 삼	㊽ 사람 인	㊾ 한 일	⑩ 글자 자		

※ 10개년 기출문제를 분석해 빈출순으로 번호를 붙였습니다.
  빈칸에 한자의 독음을 채워 나만의 학습 노트를 만들어 보세요.

※ 다음 한자어의 독음을 적어 보세요.

	한자	독음			한자	독음
1	花草			11	主人	
2	敎育			12	歌手	
3	百姓			13	工夫	
4	自然			14	軍歌	
5	電話			15	來日	
6	秋夕			16	同時	
7	國旗			17	每年	
8	算數			18	植木	
9	午後			19	有名	
10	左右			20	活動	

01 화초 02 교육 03 백성 04 자연 05 전화 06 추석 07 국기 08 산수 09 오후
10 좌우 11 주인 12 가수 13 공부 14 군가 15 내일 16 동시 17 매년 18 식목 19 유명
20 활동

	한자	독음			한자	독음
21	教室			31	命中	
22	世上			32	先祖	
23	時間			33	祖上	
24	植物			34	住民	
25	長男			35	中心	
26	男女			36	春秋	
27	動物			37	學校	
28	登山			38	兄弟	
29	登場			39	孝道	
30	每事			40	農村	

21 교실 22 세상 23 시간 24 식물 25 장남 26 남녀 27 동물 28 등산 29 등장 30 매사
31 명중 32 선조 33 조상 34 주민 35 중심 36 춘추 37 학교 38 형제 39 효도
40 농촌

※ 다음 한자어의 독음을 적어 보세요.

	한자	독음			한자	독음
41	生命			51	空間	
42	少年			52	南海	
43	所重			53	老母	
44	市內			54	農夫	
45	育林			55	同門	
46	自立			56	每月	
47	正午			57	白紙	
48	靑春			58	不足	
49	孝子			59	四寸	
50	休學			60	食口	

41 생명 42 소년 43 소중 44 시내 45 육림 46 자립 47 정오 48 청춘 49 효자
50 휴학 51 공간 52 남해 53 노모 54 농부 55 동문 56 매월 57 백지 58 부족
59 사촌 60 식구

※ 다음 한자어의 독음을 적어 보세요.

	한자	독음			한자	독음
61	安心			71	七夕	
62	五色			72	空氣	
63	邑內			73	工場	
64	立冬			74	氣色	
65	入室			75	來年	
66	正答			76	木手	
67	祖父			77	白色	
68	住所			78	不便	
69	千金			79	山林	
70	出土			80	少女	

61 안심 62 오색 63 읍내 64 입동 65 입실 66 정답 67 조부 68 주소 69 천금
70 출토 71 칠석 72 공기 73 공장 74 기색 75 내년 76 목수 77 백색 78 불편 79 산림
80 소녀

※ 다음 한자어의 독음을 적어 보세요.

	한자	독음			한자	독음
81	食事		91		兄夫	
82	午前		92		休日	
83	日記		93		休紙	
84	電氣		94		家口	
85	正直		95		空白	
86	中間		96		工事	
87	天然		97		老少	
88	便安		98		萬物	
89	便紙		99		場所	
90	平安		100		外來	

81 식사 82 오전 83 일기 84 전기 85 정직 86 중간 87 천연 88 편안 89 편지 90 평안
91 형부 92 휴일 93 휴지 94 가구 95 공백 96 공사 97 노소 98 만물 99 장소 100 외래

※ 10개년 기출문제를 분석해 빈출순으로 번호를 붙였습니다.
   빈칸에 각 한자의 반대자(상대자)를 채워 나만의 학습 노트를 만들어 보세요.

※ 다음 한자의 반대자(상대자)를 적어 보세요.

	한자	⟷	반대자(상대자)
1	天	⟷	
2	出	⟷	
3	手	⟷	
4	夏	⟷	
5	內	⟷	
6	老	⟷	
7	南	⟷	
8	物	⟷	
9	春	⟷	
10	大	⟷	

01 地 02 入 03 足 04 冬 05 外 06 少 07 北 08 心 09 秋 10 小

	한자	⟷	반대자(상대자)
11	前	⟷	
12	敎	⟷	
13	兄	⟷	
14	火	⟷	
15	東	⟷	
16	問	⟷	
17	男	⟷	
18	山	⟷	
19	父	⟷	
20	左	⟷	
21	上	⟷	
22	先	⟷	
23	王	⟷	
24	日	⟷	
25	子	⟷	

11 後 12 學 13 弟 14 水 15 西 16 答 17 女 18 川 19 母 20 右 21 下 22 後
23 民 24 月 25 女

10개년 기출 완벽분석

빅데이터
합격한자

051 방 기기[方 其旗]
– 方과 其로 된 한자

🎧 051 한자 듣기 ⊙

7급Ⅱ

方　4획

(쟁기로 갈아지는 흙이 모나고 일정한 방향으로 넘어가니)

쟁기로 밭 가는 모양을 본떠서 모 **방**, 방향 **방**

또 쟁기질은 밭을 가는 중요한 방법이니 방법 **방**

★ | 方 方법 방 | 便 편할 편 | 방편 – '편한 방법'으로, 그때그때의 경우에 따라 편하고 쉽게 이용하는 수단과 방법. |

★ | 地 땅 지 | 方 방향 방 | 지방 – ① 어느 방면의 땅.
② 서울 이외의 지역. |

순서에 맞게 한자를 써 보아요!

方

3급Ⅱ

八　8획

단(甘)것을 그릇(一)에 나누어(八) 놓고 유인하는 그니 **그 기**

+ 甘[달 감, 기쁠 감(甘)의 변형], 一('한 일'이지만 여기서는 '그릇'으로 봄), 八(여덟 팔, 나눌 팔)

Day
13

7급

方 14획

사방(方)사람(亻)들이 알아보게 만든 그(其)것은 기니 **기** **기**

★ | 旗
기 기 | 手
재주 있는
사람 수 |

기수 – '깃발을 드는 사람'으로, 앞장서는 사람을 말함.

★★ | 國
나라 국 | 旗
기 기 |

국기 – 나라의 상징으로 정하여진 깃발.

순서에 맞게 한자를 써 보아요!

旗							

052

계(우) 사[ㅋ 事]

- ㅋ와 事

🎧 052 한자 듣기 ➡

부수자

3획

고슴도치 머리 모양을 본떠서 **고슴도치 머리 계**

또 오른손의 손가락을 편 모양으로도 보아 **오른손 우**

> 😀 선생님의 한 말씀
>
> 오른손 주먹을 쥔 모양(✋)을 본떠서 '오른손 우, 또 우(又)', 오른손 손가락을 편 모양(🖐)을
> 본떠서 '오른손 우(ㅋ)'지요. '고슴도치 머리 계, 오른손 우'는 원래 ㅋ인데 변형된 모양인 ㅋ로도
> 많이 쓰입니다.

Day
13

7급Ⅱ

丿 8획

한(一) 입(口)이라도 더 먹이기 위해 손(ㅋ)에 갈고리(丿) 같은

도구도 들고 일하며 섬기니 **일 사, 섬길 사**

+ ㅋ[고슴도치 머리 계, 오른손 우(ㅋ)의 변형], 丿(갈고리 궐)

農 농사 농	事 일 사

★ 농사 – '농사짓는 일'로, 곡식이나 채소 등을 심어 기르고
　　거두는 일.

事 일 사	物 물건 물

★ 사물 – 일과 물건을 아울러 이르는 말.

순서에 맞게 한자를 써 보아요!

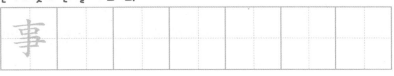

실력 체크 퀴즈
(049~052)

점수 ☐ /12

1. 다음 한자의 훈과 음을 쓰세요.

01. 旗 ☐   04. 事 ☐

02. 手 ☐   05. 力 ☐

03. 方 ☐   06. 地 ☐

2. 다음 밑줄 친 한자어의 음을 쓰세요.

07. 초등학교 동창 수민이가 <u>歌手</u>로 데뷔했다.   ☐☐

08. 우승을 위해서는 <u>全力</u>을 다해야 한다.   ☐☐

09. 비 오는 날이면 지렁이가 <u>地面</u>을 기어다닌다.   ☐☐

3. 다음 밑줄 친 한자어를 〈보기〉에서 찾아 그 번호를 쓰세요.

┌─ 보기 ────────────────────────────────┐
│   ① 國旗   ② 平地   ③ 農事   ④ 事物   ⑤ 方便   ⑥ 木手   │
└──────────────────────────────────────┘

10. 그는 산 정상에 오르자마자 <u>국기</u>를 꽂았다.   ☐

11. 오른쪽 눈을 부딪친 후로 <u>사물</u>이 두 개로 보인다.   ☐

12. 문제를 이렇게 처리하는 것은 임시<u>방편</u>일 뿐이다.   ☐

정답

01. 기 기 02. 손 수, 재주 수, 재주 있는 사람 수 03. 모 방, 방향 방, 방법 방 04. 일 사, 섬길 사 05. 힘 력(역)
06. 땅 지, 처지 지 07. 가수 08. 전력 09. 지면 10. ① 11. ④ 12. ⑤

촌촌[寸村]
– 寸으로 된 한자

🎧 053 한자 듣기 ⊕

053

寸 3획

손목(寸)에서 맥박(、)이 뛰는 곳까지의 마디니 **마디 촌**

또 마디마디 살피는 법도니 **법도 촌**

😎 선생님의 한 말씀

1촌은 손목에서 손가락 하나를 끼워 넣을 수 있는 거리에 있는 맥박이 뛰는 곳까지니, 손가락 하나의 폭으로 약 3cm입니다.

★
寸 마디 촌   數 셀 수

촌수 – '마디 수'로 친족 사이의 멀고 가까운 정도를 나타내는 수.

순서에 맞게 한자를 써 보아요!

木 7획

나무(木)를 마디마디(寸) 이용하여 집을 지은 마을이니 **마을 촌**

+ 🔑 洞(마을 동, 동굴 동), 里(마을 리, 거리 리)

★
★
農 농사 농   村 마을 촌

농촌 – 농사짓는 사람들이 주로 사는 마을.

순서에 맞게 한자를 써 보아요!

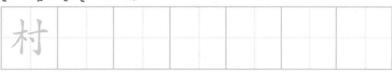

Day 14

054

사시[寺時]
－ 寺로 된 한자

🎧 054 한자 듣기 ◐

4급II

寸　6획

일정한 땅(土)에서 법도(寸)를 지키며 수도하는 절이니 절 **사**

＋ 土(흙 토), 寸(마디 촌, 법도 촌)

> **선생님의 한 말씀**
>
> 어느 사회에나 규칙이 있지만 절 같은 사원(寺院)은 더욱 규칙이 엄격하지요.

7급II

日　10획

(해시계로 시간을 재던 때) 해(日)의 위치에 따라 절(寺)에서 종을 쳐 알리던 때니 때 **시**

★★	同　　時
	한가지 동　때 시
	같을 동

동시 － ① 같은 때나 시기.
　　　② 어떤 사실을 겸함.

★★	時　　間
	때 시　사이 간

시간 － 어떤 시각에서 어떤 시각까지의 사이.

＋ 시각(時刻) － 시간의 어느 한 시점.
＋ 刻(새길 각, 시각 각)

순서에 맞게 한자를 써 보아요!

時									

055

목자[目 自]
– 目으로 된 한자

🎧 055 한자 듣기 ▶

目   5획

둥글고 눈동자가 있는 눈을 본떠서 **눈 목**

또 눈으로 보니 **볼 목**

또 눈에 잘 볼 수 있게 만든 항목이니 **항목 목**

自   6획

(얼굴이 자기를 대표하니)

얼굴에서 잘 드러나는 이마(ノ)와 눈(目)을 본떠서 **자기 자**

또 자기 일은 스스로 하니 **스스로 자**

또 모든 것이 비롯됨은 자기로부터니 **부터 자**

+ ノ[삐침 별(ノ)의 변형이지만 여기서는 이마로 봄), 目(눈 목, 볼 목, 항목 목)

★ **自**   **動**   자동 – <u>스스로 움직임</u>(작동함).
스스로 **자**   움직일 **동**

순서에 맞게 한자를 써 보아요!

自								

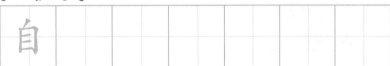

직식[直植]
– 直으로 된 한자

🎧 056 한자 듣기 ✪

目 8획

많은(十) 눈(目)으로 덮여진(ㄴ) 부분까지 살펴도 곧고 바르니

곧을 **직**, 바를 **직**

+ 🈁 正(바를 정)
+ 十(열 십, 많을 십), 目(눈 목, 볼 목, 항목 목), ㄴ[감출 혜, 덮을 혜(ㄴ, = 匚)의 변형]

★ | 正
 바를 정 | 直
 곧을 직
 바를 직

정직 – (마음이) 바르고 곧음.

순서에 맞게 한자를 써 보아요!

直

木 12획

나무(木)는 곧게(直) 세워 심으니 **심을 식**

+ 木(나무 목)

★
 ★ | 植
 심을 식 | 物
 물건 물

식물 – 온갖 나무와 풀의 총칭.

★
 ★ | 植
 심을 식 | 木
 나무 목

식목 – 나무를 심음.

순서에 맞게 한자를 써 보아요!

植

1. 다음 한자의 훈과 음을 쓰세요.

01. 村 [   ]

02. 植 [   ]

03. 時 [   ]

04. 直 [   ]

05. 寸 [   ]

06. 自 [   ]

2. 다음 밑줄 친 한자어의 음을 쓰세요.

07. 그 문제는 **時間**이 해결할 것이다. [ ][ ]

08. **植木**일에는 나무를 한 그루씩 심자. [ ][ ]

09. 공교롭게도 두 사건은 **同時**에 일어났다. [ ][ ]

3. 다음 밑줄 친 한자어를 〈보기〉에서 찾아 그 번호를 쓰세요.

보기

① 自動   ② 正直   ③ 農村   ④ 植物   ⑤ 寸數   ⑥ 氣色

10. 서류를 제출하지 않으면 **자동**으로 취소될 것이다. [ ]

11. **촌수**를 따지자면 멀지만, 우리는 굉장히 친했다. [ ]

12. 부모님은 항상 **정직**할 것을 강조하셨다. [ ]

정답

01. 마을 촌 02. 심을 식 03. 때 시 04. 곧을 직, 바를 직 05. 마디 촌, 법도 촌 06. 자기 자, 스스로 자, 부터 자
07. 시간 08. 식목 09. 동시 10. ① 11. ⑤ 12. ②

057

수도 전[首道 前]

– 首로 된 한자와 前

🎧 **057** 한자 듣기 ▶

5급Ⅱ

首   9획

머리털(龸) 아래 이마(丿)와 눈(目)이 있는 머리니 **머리 수**

또 머리처럼 조직의 위에 있는 우두머리니 **우두머리 수**

7급Ⅱ

辶(辶)   13획

머리(首) 두르고 가는(辶) 길이니 **길 도**

또 가는 길처럼 사람이 지켜야 할 도리니 **도리 도**

+ 辶(뛸 착, 갈 착, = 辶)

★ | 車 차 **차** | 道 길 **도** |

차도 – 자동차만 다니게 한 길.

★★ | 孝 효도 **효** | 道 길 **도** 도리 **도** |

효도 – 부모를 잘 섬기는 도리.

순서에 맞게 한자를 써 보아요!

道

7급 ||

刀(刂) 9획

머리털(丷) 세우며 몸(月)에 칼(刂)을 차고 서는 앞이니 **앞 전**

+ 땐 後(뒤 후, 늦을 후)

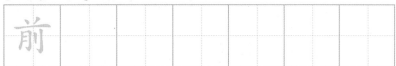
선생님의 한 말씀

한자가 만들어지던 옛날에는 전쟁이 잦아서, 전쟁이나 당시에 쓰던 무기와 관련하여 만들어진 한자가 많네요.

★ | 前 앞 전 | 面 얼굴 면 | 전면 – 앞면. ↔ 후면(後面)

★ | 前 앞 전 | 後 뒤 후 | 전후 – ① 앞과 뒤.
②먼저와 나중.

순서에 맞게 한자를 써 보아요!

前									

Day
15

058 면 장[面 長]
— 面과 長

058 한자 듣기

面 9획

사람 얼굴을 정면에서 본떠서 **얼굴 면**
또 얼굴 향하고 보니 **향할 면, 볼 면**

場 상황 장	面 볼 면

장면 – ① 어떤 장소에서 겉으로 드러난 면이나 벌어진 광경.
② 영화·연극·문학 작품 등의 한 정경.

內 안 내	面 얼굴 면

내면 – ① 물건의 안쪽.
② 밖으로 드러나지 아니하는 사람의 속마음.

순서에 맞게 한자를 써 보아요!

面

長 8획

입(一)의 위아래에 난 긴 수염을 본떠서 **길 장**
또 수염도 긴 어른이니 **어른 장**
+ 一('한 일'이지만 여기서는 다문 입으로 봄)

里 마을 리(이)	長 어른 장

이장 – '마을의 어른'으로, 행정 구역의 단위인 '리'(里)를 대표하여 일을 맡아보는 사람.

校 학교 교	長 어른 장

교장 – '학교의 어른'으로, 학교의 우두머리.

순서에 맞게 한자를 써 보아요!

長

양식[良食]
— 貝와 頁

🎧 059 한자 듣기 ⊙

良　7획

점(丶) 같은 작은 잘못도 그치면(艮) 좋고 어지니

좋을 량(양), 어질 량(양)

＋ 丶(점 주, 불똥 주)

食　9획

사람(人) 몸에 좋은(良) 것은 밥이니 **밥 식**

또 밥을 먹으니 먹을 **식**

또 밥 같은 먹이니 먹이 **사**

> 😀 **선생님의 한 말씀**
>
> 글자의 변으로 쓰일 때는 飠(밥 식, 먹을 식 변)입니다.

★ | 間
사이 간 | 食
밥 식
먹을 식

간식 – (끼니와 끼니) 사이에 음식을 먹음. 또는 그 음식.

순서에 맞게 한자를 써 보아요!

食							

Day
15

패 혈[貝 頁]

060

– 貝와 頁

🎧 060 한자 듣기 ⊙

3급

貝　7획

아가미가 나온 조개를 본떠서 **조개 패**
또 인쇄술이 발달하기 전에는 조개껍데기를 재물이나 돈으로도 썼으니
재물 패, 돈 패

특급Ⅱ

頁　9획

머리(一)에서 이마(丶)와 눈(目) 있는 얼굴 아래 목(八)까지를
본떠서 **머리 혈**

+ 一('한 일'이지만 여기서는 머리로 봄), 八('여덟 팔, 나눌 팔'이지만 여기서는 목으로 봄)

실력 체크 퀴즈 (057~060)

Day 15

점수 /11

1. 다음 한자의 훈과 음을 쓰세요.

01. 面 [ ]

02. 食 [ ]

03. 道 [ ]

04. 長 [ ]

05. 前 [ ]

2. 다음 밑줄 친 한자어의 음을 쓰세요.

06. 부모님께 <u>孝道</u> 하는 것은 자식의 도리다. [ ][ ]

07. 외면보다 <u>內面</u>의 아름다움을 가꾸는 것이 먼저다. [ ][ ]

08. 아버지는 <u>前後</u> 사정은 듣지도 않고 화를 내셨다. [ ][ ]

3. 다음 밑줄 친 한자어를 〈보기〉에서 찾아 그 번호를 쓰세요.

보기

① 車道   ② 間食   ③ 全面   ④ 里長   ⑤ 場面   ⑥ 校長

09. 군고구마는 내가 제일 좋아하는 <u>간식</u>이다. [ ]

10. 이 드라마는 주인공이 활짝 웃는 <u>장면</u>으로 끝난다. [ ]

11. 이어서 <u>교장</u> 선생님의 훈화 말씀이 있겠습니다. [ ]

정답

01. 얼굴 면, 향할 면, 볼 면 02. 밥 식, 먹을 식, 먹이 사 03. 길 도, 도리 도 04. 길 장, 어른 장 05. 앞 전
06. 효도 07. 내면 08. 전후 09. ② 10. ⑤ 11. ⑥

1. 다음 한자의 훈과 음을 쓰세요.

01. 姓 [   ]   04. 農 [   ]

02. 花 [   ]   05. 旗 [   ]

03. 事 [   ]   06. 住 [   ]

2. 다음 밑줄 친 한자어의 음을 쓰세요.

07. <u>靑色</u> 깃발과 백색 깃발을 번갈아 들어올린다. [ ][ ]

08. 드넓은 <u>平地</u>에서 자유롭게 달려 보자. [ ][ ]

09. 그는 무대 <u>前面</u>으로 걸어 나왔다. [ ][ ]

3. 다음 밑줄 친 한자어를 〈보기〉에서 찾아 그 번호를 쓰세요.

┌─ 보기 ─────────────────────────────────┐
│ ① 農事 ② 人力 ③ 孝女 ④ 地方 ⑤ 生花 ⑥ 花草 │
└──────────────────────────────────────┘

10. 이 마을은 토지가 비옥하여 <u>농사</u>가 잘된다. [ ]

11. 나는 추운 <u>지방</u> 출신이라 추위를 많이 타지 않는다. [ ]

12. 그는 온실 속 <u>화초</u>같이 자랐다. [ ]

정답

01. 성씨 성, 백성 성 02. 꽃 화 03. 일 사, 섬길 사 04. 농사 농 05. 기 기 06. 살 주, 사는 곳 주 07. 청색 08. 평지
09. 전면 10. ① 11. ④ 12. ⑥

4. 다음 훈과 음에 맞는 한자를 〈보기〉에서 찾아 그 번호를 쓰세요.

① 地　②土　③王　④主　⑤時　⑥孝　⑦村　⑧寸

13. 임금 왕 ☐

16. 땅 지 ☐

14. 흙 토 ☐

17. 마을 촌 ☐

15. 효도 효 ☐

18. 때 시 ☐

5. 다음 뜻에 맞는 한자어를 〈보기〉에서 찾아 그 번호를 쓰세요.

① 時空　② 農村　③ 時間　④ 王命　⑤ 歌手　⑥ 木手

19. 어떤 시각에서 어떤 시각까지의 사이. ☐

20. 노래 부르는 것이 직업인 사람. ☐

6. 다음 한자의 진하게 표시한 획은 몇 번째 쓰는지 숫자로 쓰세요.

21. 靑 ☐

23. 自 ☐

22. 事 ☐

24. 氣 ☐

061

시 차조[示 且祖]
– 示와 且로 된 한자

🎧 061 한자 듣기 ●

5급

示 5획

하늘 땅(二)에 작은(小) 기미가 보이니 **보일 시**

또 이렇게 기미를 보이는 신이니 **신 시**

+ 二('둘 이'지만 여기서는 하늘과 땅으로 봄)
+ 기미 – 어떤 일을 알아차릴 수 있는 낌새.

> **선생님의 한 말씀**
> 글자의 앞에 붙는 부수인 변으로 쓰일 때는 '보일 시, 신 시 변(示)'으로 바꾸어 쓰는데,
> 옷 의(衣)가 부수로 쓰일 때의 모양인 '옷 의 변(衤)'과는 다르니 혼동하지 마세요.

3급

一 5획

그릇(一)에 음식을 또또 쌓아 올린(日) 모양을 본떠서 **또 차**

또 구해야 할 정도로 구차하니 **구차할 차**

+ 一('한 일'이지만 여기서는 그릇으로 봄)

7급

示 10획

보면(示) 또(且) 절해야 하는 할아버지니 **할아버지 조**

또 할아버지 위로 대대의 조상이니 **조상 조**

★★	祖 할아버지 조	父 아버지 부	조부 – 할아버지.
★★	祖 할아버지 조	上 위 상	조상 – 할아버지 위로 대대의 어른.
★	祖 할아버지 조 조상 조	國 나라 국	조국 – ① 조상 때부터 대대로 살던 나라. ② 자기의 국적이 속하여 있는 나라.

순서에 맞게 한자를 써 보아요!

祖								

062 포 물물[勹 勿物]

— 勹와 勿로 된 한자

🎧 062 한자 듣기 ▶

부수자

2획

사람(人)이 몸을 구부려 에워싸니 **쌀 포**

> 🔵 선생님의 한 말씀
>
> 사람 인(人)의 한쪽을 구부린 모양으로 쌀 포(勹)를 만들었네요.

3급Ⅱ

勹 4획

싸(勹) 놓은 것을 털어 버리면(丿丿) 없으니 **없을 물**

또 이처럼 털어 버리지 말라는 데서 **말 물**

+ 丿('삐침 별'이지만 여기서는 털어 버리는 모양으로 봄)

7급Ⅱ

牛 8획

소(牛) 같은 재산을 팔아 없애서(勿) 사는 물건이니 **물건 물**

+ ⽥ 心(마음 심, 중심 심)
+ 牜(소 우 변)

> 🔵 선생님의 한 말씀
>
> 옛날 시골에서는 소가 재산 목록 1호였으니,
> 큰일이 있으면 소를 팔아서 그 돈으로 필요한 물건을 샀답니다.

★ | 事 일 사 | 物 물건 물 |
사물 – 일과 물건을 함께 이르는 말.

★ | 萬 일만 만 많을 만 | 物 물건 물 |
만물 – 세상에 있는 많은(모든) 물건(것).

순서에 맞게 한자를 써 보아요!

物							

Day 16

063 단 양장[旦 昜場]
– 旦과 昜으로 된 한자

🎧 063 한자 듣기 ⊙

3급Ⅱ

해(日)가 지평선(一)이나 수평선 위로 떠오르는 아침이니 **아침 단**

＋ 一('한 일'이지만 여기서는 지평선으로 봄)

👨‍🏫 **선생님의 한 말씀**

아침 단(旦)은 설날 같은 아주 특별한 아침에, 아침 조(朝)는 보통의 아침에 쓰입니다.

日 5획

특급

아침(旦)마다 없던(勿) 해가 떠서 비치는 볕과 햇살이니

볕 양, 햇살 양

日 9획

7급Ⅱ

흙(土)이 햇살(昜)처럼 넓게 펴진 마당이니 **마당 장**

또 마당에서 벌어지는 상황이니 **상황 장**

＋ 土(흙 토)

土 12획

場 마당 장	所 장소 소

★ 장소 – 어떤 일을 하거나 할 수 있는 공간.

工 장인 공 만들 공 연장 공	場 마당 장 상황 장

★ 공장 – 원료나 재료를 가공하여 상품을 만들어 내는 곳.

순서에 맞게 한자를 써 보아요!

場								

064

시가[豕家]
– 豕로 된 한자

🎧 064 한자 듣기 ⊙

특급Ⅱ

豕 7획

서 있는 돼지를 본떠서 **돼지 시**

7급Ⅱ

宀 10획

지붕(宀) 아래 돼지(豕)처럼 먹고 자는 집이니 **집 가**
또 하나의 집처럼 어느 분야에 일가(一家)를 이룬 전문가도 뜻하여
전문가 가

+ 宀 室(집 실, 방 실, 아내 실)
+ 宀(집 면)
+ 일가(一家) – ① 한집안.
　　　　　　　② 성(姓)과 본(本)이 같은 겨레붙이.
　　　　　　　③ 어느 분야에서 독자적인 경지나 체계를 이룬 상태.
　　　　　　　여기서는 ③의 뜻.

★

가전 – 가정에서 사용하는 전자 기기 제품.

★

농가 – 농업으로 생계를 꾸려 가는 가정.

순서에 맞게 한자를 써 보아요!

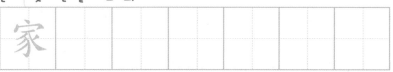

Day
16

실력 체크 퀴즈 (061~064)

점수 　　　　 /10

1. 다음 한자의 훈과 음을 쓰세요.

01. 物 　　　　　　　03. 家 　　　　　

02. 場 　　　　　　　04. 祖 　　　　　

2. 다음 밑줄 친 한자어의 음을 쓰세요.

05. 명절에는 <u>祖上</u>님의 산소를 찾아가 성묘한다.

06. 내 고향에는 아주 큰 <u>工場</u>이 하나 들어섰다.

07. 인간은 <u>萬物</u>의 영장이다.

3. 다음 밑줄 친 한자어를 〈보기〉에서 찾아 그 번호를 쓰세요.

보기
① 家電　② 事物　③ 農家　④ 祖父　⑤ 場所　⑥ 祖國

08. 아버지의 큰 키는 <u>조부</u>께 물려받은 것이다.

09. <u>가전</u>제품 구입에 생각보다 많은 돈이 들었다.

10. 이번 태풍으로 많은 <u>농가</u>가 피해를 입었다.

정답

01. 물건 물　02. 마당 장, 상황 장　03. 집 가, 전문가 가　04. 할아버지 조, 조상 조　05. 조상　06. 공장　07. 만물
08. ④　09. ①　10. ③

065

조초[早草]
– 早로 된 한자

🎧 065 한자 듣기 ◐

日　6획

해(日)가 지평선(一) 위로 떠오르는(丨) 아침 일찍이니 **일찍 조**

+ 一('한 일'이지만 여기서는 지평선으로 봄), 丨('뚫을 곤'이지만 여기서는 떠오르는 모양으로 봄), 干(방패 간, 범할 간, 얼마 간, 마를 간)

草(艹)　10획

(대부분의) 풀(艹)은 이른(早) 봄에 돋아나니 **풀 초**

★ 草(풀 초) 家(집 가)　초가 – '풀집'으로, 볏짚이나 갈대 등으로 지붕을 인 집.

★ 草(풀 초) 地(땅 지)　초지 – 풀이 나 있는 땅.

순서에 맞게 한자를 써 보아요!

Day
17

066 초입공 세[艹卄廾 卋]

– 艹卄廾과 卋

🎧 066 한자 듣기 ▶

부수자

4획

풀 초(草)가 부수로 쓰일 때의 모양으로,

주로 글자의 머리 부분에 붙으니 머리 두(頭)를 붙여서 **초 두**

> 💬 선생님의 한 말씀
>
> 약자일 때는 3획의 艹 형태로 씁니다. '두'는 글자의 머리 부분에 붙는 부수 이름이기에 제목을 원래 글자의 독음인 '초'로 했고, 어원 풀이에서 독음의 색은 조정하지 않았습니다.

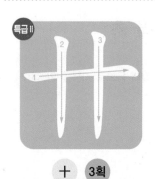

특급 II

十 3획

열 십, 많을 십(十) 둘을 합쳐서 스물 **입**

> 💬 선생님의 한 말씀
>
> 卄은 아랫부분을 막아 써도(卄) 같은 글자입니다.

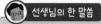

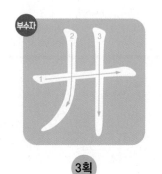

부수자

3획

양손으로 물건을 받쳐 든 모양을 본떠서 **받쳐 들 공**

一　5획

(한 세대를 30년으로 봐서) **열 십, 많을 십(十)** 셋을 합치고
(세대는 서로 연결되어 있다는 데서) 아랫부분을 연결하여 세대 **세**
또 세대들이 모여 사는 세상도 뜻하여 세상 **세**

★

출세 - '세상에 나옴'으로, 사회적으로 높은 지위에 오르거나 유명하게 됨.

★★

세상 - ① 생명체가 살고 있는 지구.
② 사람들이 생활하고 있는 사회.
③ 마음대로 활동할 수 있는 곳.

순서에 맞게 한자를 써 보아요!

Day
17

067

죽산[竹算]
– 竹으로 된 한자

🎧 067 한자 듣기 ●

4급Ⅱ

잎이 붙은 대( → 竹)를 본떠서 **대 죽**

\+ 부수로 쓰일 때는 '艹'처럼 내려그은 획을 짧게 씁니다.

> 👨‍🏫 **선생님의 한 말씀**
>
> 종이가 없었던 옛날에는 대 조각에 글을 썼기 때문에 책과 관련된 한자들에 '艹'이 들어가지요.

竹 　6획

7급

대()에 눈(目)알 같은 구슬을 꿰어 만든 주판을 받쳐 들고(廾) 하는 셈이니 **셈 산**

> 👨‍🏫 **선생님의 한 말씀**
>
> 주판은 옛날에 셈을 하는 데 쓰였던 도구로,
> 구슬 주(珠)를 붙여 주산(珠算)이라고도 하지요.

竹 　14획

★	算 셈 산	數 셀 수

산수 – ① 계산하는 방법.
② 수의 성질, 셈의 기초, 초보적인 기하 등을 가르치던 학과목.

★	算 셈 산	出 날 출

산출 – 셈하여 냄.

순서에 맞게 한자를 써 보아요!

算									

068 근 근한[菫 菓 漢]
– 菫과 菓으로 된 한자

🎧 068 한자 듣기 ⊙

土 11획

너무 끈끈하여 스물(卄) 한(一) 번이나 입(口)으로 하나(一) 같이
숨 헐떡이며 가야 할 진흙(土)이니 진흙 근

+ 卄은 아래를 막아 써도(廿) 같은 뜻이지만 여기서는 나누어 풀었습니다.

🧑‍🏫 선생님의 한 말씀

진흙은 너무 끈끈하여 걷기 힘들지요.

卄(廿) 11획

진흙 근(菫)의 변형으로,
너무 끈끈하여 스물(卄) 한(一) 번이나 말하며(口) 하나(一) 같이
크게(大) 힘써 걸어야 할 진흙이니 진흙 근

水(氵) 14획

물(氵)과 진흙(菓)이 많은 곳(중국 양자강 유역)에 세운 한나라니
한나라 한

🧑‍🏫 선생님의 한 말씀

한나라는 진나라를 이은 중국 두 번째의 통일 왕국이고, 중국 역사를 창조해 낸 중국 최고의 제국이
었기 때문에 漢字(한자), 漢文(한문)처럼 옛날 중국을 대표하는 말에도 쓰이고 있습니다.

漢	字
한나라 한	글자 자

한자 – 중국에서 만들어져서 사용되는 표의 문자.

漢	文
한나라 한	글월 문

한문 – 한자로 쓴 글.

순서에 맞게 한자를 써 보아요!

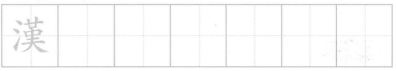

Day 17

1. 다음 한자의 훈과 음을 쓰세요.

01. 算 ☐

02. 漢 ☐

03. 草 ☐

04. 世 ☐

2. 다음 밑줄 친 한자어의 음을 쓰세요.

05. 함박눈이 온 世上을 덮었다. ☐☐

06. 내 친구 영지는 영어는 잘하는데 算數에 약하다. ☐☐

07. 草家 지붕 위로 고양이 한 마리가 빠르게 지나간다. ☐☐

3. 다음 밑줄 친 한자어를 〈보기〉에서 찾아 그 번호를 쓰세요.

● 보기 ●
① 漢字　② 草家　③ 算出　④ 出世　⑤ 草地　⑥ 漢文

08. 할아버지는 어려운 한문 책을 술술 읽으신다. ☐

09. 그는 상사에게 아부하며 출세의 기회를 노렸다 ☐

10. 그 초지에는 부드러운 풀이 자라고 있다. ☐

정답

01. 셈 산　02. 한나라 한　03. 풀 초　04. 세대 세, 세상 세　05. 세상　06. 산수　07. 초가　08. ⑥　09. ④
10. ⑤

069

씨민[氏民]

– 氏로 된 한자

🎧 069 한자 듣기 ◉

4급

氏　4획

(사람의 씨족은 나무뿌리처럼 이어지니)

나무뿌리가 지상으로 나온 모양을 본떠서 성 **씨**, 뿌리 **씨**

또 사람을 높여 부르는 조사로도 쓰여

사람을 높여 부르는 조사 **씨**

8급

氏　5획

모인(冖) 여러 씨(氏)족들로 이루어진 백성이니 백성 **민**

+ 冖('덮을 멱'이지만 여기서는 모여 있는 모양으로 봄)

★

民	間
백성 민	사이 간

민간 – ① 일반 백성들 사이.
　　　② 관청이나 정부 기관에 속하지 않음.

★

民	心
백성 민	마음 심 중심 심

민심 – 백성의 마음.

순서에 맞게 한자를 써 보아요!

Day
18

070 사지[糸紙]

– 糸로 된 한자

🎧 070 한자 듣기 ◑

특급

糸 　 6획

실을 감아놓은 실타래(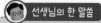) 모양을 본떠서 **실 사, 실 사 변**

👩‍🏫 선생님의 한 말씀

'타래'는 뭉쳐 놓은 실이나 노끈 등의 뭉치를 말합니다.

7급

糸 　 10획

나무의 섬유질 실(糸)이 나무**뿌리**(氏)처럼 엉거서 만들어지는 종이니 **종이 지**

★	便 편할 편 소식 편	紙 종이 지	편지 – 소식을 알리기 위해 쓰는 글.
	韓 한국 한	紙 종이 지	한지 – '한국 종이'로, 한국 전통의 제조법으로 만든 종이.

순서에 맞게 한자를 써 보아요!

071

기기[己記]
– 己로 된 한자

🎧 071 한자 듣기 ⊙

5급Ⅱ

己 　 3획

사람이 엎드려 절하는 모양을 본떠서 **몸 기, 자기 기**

➕ 사람이 엎드려 절하는 모양에서 몸 기, 자기 기(己), 己의 한쪽이 약간 올라가면 밭갈이를 이미 끝낸 쟁기 모양에서 이미 이(已), 완전히 붙으면 몸을 사리고 꼬리 든 뱀 모양에서 뱀 사(巳)로 구분하세요.

7급Ⅱ

言 　 10획

말(言) 중에 자기(己)에게 필요한 부분은 기록하거나 기억하니
기록할 기, 기억할 기

➕ 言(말씀 언)

★	日 해 **일** 날 **일**	記 기록할 기	일기 – 날마다 그날그날 겪은 일이나 생각, 느낌 등을 적는 기록.
★	記 기록할 기	入 들 입	기입 – (수첩이나 문서 따위에) 기록하여 넣음.

순서에 맞게 한자를 써 보아요!

記							

Day
18

파읍색[巴邑色]

072

– 巴로 된 한자

🎧 072 한자 듣기 ▶

1급

巴

己　4획

뱀(巳)에 먹이가 내려가는 볼록한 모양(l)을 본떠서 **뱀 파**

또 뱀(巳) 꼬리처럼 생긴 땅 이름이니 **꼬리 파, 땅 이름 파**

+ 巳 – 몸을 사리고 꼬리 든 뱀 모양에서 '뱀 사'
+ l ('뚫을 곤'이지만 여기서는 볼록한 모양)

> 👓 **선생님의 한 말씀**
>
> 뱀은 먹이를 통째로 삼켜 내려가는 부분이 볼록하지요.

7급

邑

邑　7획

일정한 경계(口)의 땅(巴)에 사람이 사는 고을이니 **고을 읍**

+ 口 ('입 구, 구멍 구, 말할 구'지만 여기서는 경계로 봄)

> 👓 **선생님의 한 말씀**
>
> 글자의 왼쪽에 붙는 阝은 언덕 부(阜)가 글자의 변으로 쓰일 때의 모양으로 '언덕 부 변', 글자의 오른쪽에 붙는 阝은 고을 읍(邑)이 부수로 쓰일 때의 모양으로 '고을 읍 방'이라 부르지요. 참고로 글자의 왼쪽에 붙는 부수는 '변', 글자의 오른쪽에 붙는 부수는 '방'이라 부릅니다.

★★

邑	內
고을 읍	안 내

읍내 – 고을(읍)의 구역 안.

邑	民
고을 읍	백성 민

읍민 – 고을(읍)에 사는 사람.

순서에 맞게 한자를 써 보아요!

邑								

色　6획

사람(ク)이 뱀(巴)을 보고 놀라 변하는 얼굴빛이니 빛 **색**

+ ク[사람 인(人)의 변형]

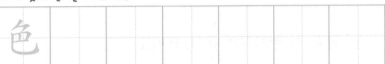

선생님의 한 말씀

옛날에는 뱀이 많아 여기저기서 자주 나타났답니다.

★

氣	色
기운 기 대기 기	빛 색

기색 - ① 어떤 마음의 작용으로 드러나는 얼굴빛.
② 앞으로 일어날 현상이나 행동 따위를 미리 알 수
있게 해 주는 눈치나 낌새.

★

生	色
살 생	빛 색

생색 - 남 앞에 당당히 나서거나 자랑할 수 있는 체면.

순서에 맞게 한자를 써 보아요!

色									

Day
18

실력 체크 퀴즈 (069~072)

Day 18

점수 [   ] /11

1. 다음 한자의 훈과 음을 쓰세요.

01. 邑 [   ]

04. 色 [   ]

02. 紙 [   ]

05. 民 [   ]

03. 記 [   ]

2. 다음 밑줄 친 한자어의 음을 쓰세요.

06. 어머니는 잠시 **邑內**에 나가셨다. [ ][ ]

07. 국정이 어지러워 **民心**은 흉흉하다. [ ][ ]

08. 외국에 사는 친구로부터 **便紙**가 왔다. [ ][ ]

3. 다음 밑줄 친 한자어를 〈보기〉에서 찾아 그 번호를 쓰세요.

보기
① 韓紙　② 民間　③ 記入　④ 氣色　⑤ 生色　⑥ 邑民

09. 아래 종이에 이름과 전화번호를 **기입**해 주세요. [ ]

10. 본인 덕에 살았다며 어찌나 **생색**을 내던지. [ ]

11. 이 이야기는 **민간**에서 전해지던 것이다. [ ]

정답

01. 고을 읍 02. 종이 지 03. 기록할 기, 기억할 기 04. 빛 색 05. 백성 민 06. 읍내 07. 민심 08. 편지
09. ③ 10. ⑤ 11. ②

108 | 어문회 한자능력검정시험 7급

073 절 령명 [卩(㔾) 令命]
― 卩과 令으로 된 한자

🎧 073 한자 듣기 ⊙

부수자

2획

사람이 무릎 꿇고 앉아 있는 모양을 본떠서 **무릎 꿇을 절**

또 부절이나 병부의 반쪽을 본떠서 **병부 절**

> 👨‍🏫 **선생님의 한 말씀**
>
> 부절(符節)은 인쇄술이 발달하기 전에 대(竹, ⺮)나 옥(玉)으로 만든 일종의 신분증이고,
> 병부(兵符)는 병사를 동원하는 문서로, 똑같이 만들거나 하나를 둘로 나누어 가졌다가 필요 시
> 맞추어 보았답니다.
> + 符(부절 부, 부호 부, 들어맞을 부), 節(마디 절, 절개 절, 계절 절), 竹(대 죽),
> 　⺮[대 죽(竹)이 부수로 쓰일 때의 모양], 玉(구슬 옥), 兵(군사 병)

5급

人 5획

사람(人)으로 하여금 하나(一)같이 무릎 꿇게(卩) 명령하니
하여금 령(영), 명령할 령(영)

또 명령을 따르듯 착하고 아름다우니 **착할 령, 아름다울 령**

+ 人(사람 인), 卩[무릎 꿇을 절, 병부 절(卩)의 변형]

7급

口 8획

입(口)으로 명령하니(令) **명령할 명**

또 명령으로 좌우되었던 목숨이나 운명이니 **목숨 명, 운명 명**

★★ | 生 살 생 | 命 목숨 명 |　생명 ― 살아 있기 위한 힘의 바탕이 되는 것. 목숨.

★ | 人 사람 인 | 命 목숨 명 |　인명 ― 사람의 목숨.

Day 19

순서에 맞게 한자를 써 보아요!

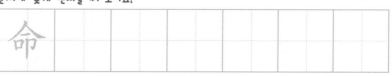

074 합답[合答]
– 合으로 된 한자

🎧 074 한자 듣기 ⊙

口   6획

사람(人)이 하나(一) 같이 말할(口) 정도로 뜻이 서로 합하여 맞으니

합할 **합**, 맞을 **합**

竹(⺮)   12획

대(⺮)에 글을 써 뜻에 맞게(合) 대답하고 갚으니

대답할 **답**, 갚을 **답**

+ 問 間(물을 문)
+ ⺮[대 죽(竹)이 부수로 쓰일 때의 모양]

🧑‍🏫 선생님의 한 말씀

종이가 없던 시절에는 대쪽에 글을 써서 주고받았답니다.

★	問 물을 문	答 대답할 답	문답 – 물음과 대답. 또는 서로 묻고 대답함.
★★	正 바를 정	答 대답할 답	정답 – 바른(옳은) 답.

순서에 맞게 한자를 써 보아요!

答							

075

경 동동[冂 同洞]

– 冂과 同으로 된 한자

🎧 075 한자 듣기 ▶

부수자

2획

멀리 떨어져 윤곽만 보이는 성이니 **멀 경, 성 경**

> 💬 **선생님의 한 말씀**
>
> 좌우 두 획은 문의 기둥이고, 가로획은 빗장을 그린 것이지요.

7급

口　6획

성(冂)에서 하나(一)의 출입구(口)로 다니는 것처럼
한가지로 같으니 **한가지 동, 같을 동**

+ 유 一(한 일)
+ 口(입 구, 구멍 구, 말할 구)

| ★ | 同 같을 동 | 生 날 생 | 동생 – ① '같은 부모에서 태어남'으로, 아우나 손아래 누이.
② 같은 항렬에서 자기보다 나이가 적은 사람. |
| ★★ | 同 같을 동 | 時 때 시 | 동시 – ① 같은 때나 시기.
② 어떤 사실을 겸함 |

순서에 맞게 한자를 써 보아요!

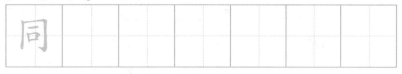

7급

水(氵)　9획

물(氵)을 같이(同) 쓰는 마을이나 동굴이니 **마을 동, 동굴 동**

+ 유 里(마을 리, 거리 리), 村(마을 촌)

| ★ | 洞 마을 동 | 口 구멍 구 | 동구 – 동네 구멍(어귀). |
| ★ | 洞 마을 동 | 長 어른 장 | 동장 – ① 한 동네의 우두머리.
② '동(洞)'의 행정을 맡아보는 어른(우두머리). |

순서에 맞게 한자를 써 보아요!

Day
19

076 내전[内全]

– 入으로 된 한자

7급 ||

入   4획

성(冂)으로 들어(入)간 안이니 **안 내**

+ 땐 外(밖 외)
+ 冂(멀 경, 성 경), 入(들 입), 人(사람 인)

★ | 市 | 内 |
|---|---|
| 시장 시 시내 시 | 안 내 |

시내 – ① 도시의 중심가.
　　　② 시의 경계 안.

★ | 内 | 面 |
|---|---|
| 안 내 | 얼굴 면 |

내면 – ① 물건의 안쪽.
　　　② 밖으로 드러나지 아니하는 사람의 속마음.

순서에 맞게 한자를 써 보아요!

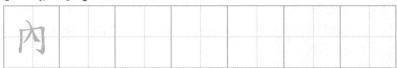

7급 ||

入   6획

조정에 들어가(入) 왕(王)이 되면 모든 것이 갖추어져 온전하니
온전할 전

+ 유 安(편안할 안)
+ 王(임금 왕, 으뜸 왕, 구슬 옥 변)

★ | 安 | 全 |
|---|---|
| 편안할 안 | 온전할 전 |

안전 – 편안하고 온전함.

★ | 全 | 校 |
|---|---|
| 온전할 전 | 학교 교 |

전교 – 한 학교의 전체.

실력 체크 퀴즈 (073~076)

점수 　　　　 /12

1. 다음 한자의 훈과 음을 쓰세요.

01. 內 ☐　　　04. 命 ☐

02. 洞 ☐　　　05. 全 ☐

03. 答 ☐　　　06. 同 ☐

2. 다음 밑줄 친 한자어의 음을 쓰세요.

07. 아저씨는 다쳤지만 **生命**에는 지장이 없다고 한다. ☐☐

08. 이 버스를 타면 병원이 있는 **市內**까지 갈 수 있다. ☐☐

09. 우리 반 진희는 **全校** 1등이다. ☐☐

3. 다음 밑줄 친 한자어를 <보기>에서 찾아 그 번호를 쓰세요.

┌ 보기 ─────────────────────────────┐
① 洞口　② 問答　③ 同時　④ 正答　⑤ 人命　⑥ 安全
└──────────────────────────────────┘

10. 공사 현장에서는 무엇보다도 **안전**이 가장 중요하다. ☐

11. 우리는 정답을 **동시**에 외쳤다. ☐

12. 강연이 끝나고 잠시 **문답**을 하는 시간을 가졌다. ☐

정답

01. 안 내　02. 마을 동, 동굴 동　03. 대답할 답, 갚을 답　04. 명령할 명, 목숨 명, 운명 명　05. 온전할 전
06. 한가지 동, 같을 동　07. 생명　08. 시내　09. 전교　10. ⑥　11. ③　12. ②

건시[巾市]
— 巾으로 된 한자

🎧 077 한자 듣기 ◐

1급

巾 3획

성(冂)처럼 사람(丨)이 몸에 두르는 수건이니 **수건 건**

+ 丨('뚫을 곤'이지만 여기서는 사람으로 봄)

7급Ⅱ

巾 5획

머리(亠)를 수건(巾)으로라도 꾸미고 가던 시장이나 시내니

시장 **시**, 시내 **시**

👓 **선생님의 한 말씀**

'저자 시'라고도 하는데, '저자'는 시장의 옛날 말이지요. 옛날에는 모자처럼 수건을 두르고도 시장에 갔던가 봐요.

★

市	場
시장 시	마당 장

시장 – 여러 가지 상품을 사고파는 일정한 장소.

★

出	市
나올 출 나갈 출	시장 시

출시 – (상품 따위를) 시장에 내놓음.

078

수 우전[氷 雨電]
– 氷와 雨로 된 한자

🎧 078 한자 듣기 ▶

부수자

5획

물 수(水)가 글자의 발로 쓰일 때의 모양으로 물 **수** 발

5급Ⅱ

雨   8획

하늘(一)의 구름(冂)에서 물(氺)로 내리는 비니 비 **우**

✚ 一('한 일'이지만 여기서는 하늘로 봄), 冂('멀 경, 성 경'이지만 여기서는 구름으로 봄), 氺[물 수 발(水)의 변형]

 선생님의 한 말씀

雨는 날씨와 관계되는 한자의 부수로도 많이 쓰입니다.

7급

雨   13획

비(雨) 올 때 번쩍 빛을 펴는(电) 번개니 번개 **전**

또 번개처럼 빛을 내는 전기니 전기 **전**

✚ 电[펼 신, 아뢸 신, 원숭이 신(申)의 변형]

| ★ | 電 전기 전 | 氣 기운 기 | 전기 – 물체의 마찰에서 일어나는 에너지의 한 형태. |
| ★★★ | 電 전기 전 | 話 이야기 화 | 전화 – 전화기를 이용하여 말을 주고받음. |

순서에 맞게 한자를 써 보아요!

電								

Day

20

079

문문간[門問間]

– 門으로 된 한자

門 8획

좌우 두 개의 문짝 있는 문을 본떠서 **문 문**

+ 한 짝으로 된 문을 본떠서는 '문 호, 집 호(戶)'

| ★ | 大
큰 대 | 門
문 문 | 대문 – 큰 문. 집의 정문. 본문(本門). |

| ★ | 正
바를 정 | 門
문 문 | 정문 – ① 건물의 정면에 있어 주로 드나드는 문.
② 대궐이나 관아의 삼 문 중 가운데 문. |

순서에 맞게 한자를 써 보아요!

| 門 | | | | | | | | |

口 11획

문(門) 앞에서 말하여(口) 물으니 **물을 문**

+ 반 答(대답할 답, 갚을 답)
+ 口(입 구, 구멍 구, 말할 구)
+ 남의 집이거나 어른이 계신 방은 문 열지 않고 문 앞에서 묻지요.

| ★ | 問
물을 문 | 答
대답할 답 | 문답 – 물음과 대답. 또는 서로 묻고 대답함. |

| ★ | 問
물을 문 | 安
편안할 안 | 문안 – '편안함을 물음'으로, 웃어른에게 안부를 여쭘. |

순서에 맞게 한자를 써 보아요!

| 問 | | | | | | | | |

門 12획

문(門) 안으로 햇(日)빛이 들어오는 사이니 **사이 간**

間	食
사이 간	먹을 식

★ 간식 – 끼니 사이에 먹는 음식. 새참.

空	間
빌 공 하늘 공	사이 간

★★ 공간 – ① 아무것도 없는 빈 곳.
② 쓰지 아니하는 빈칸.

순서에 맞게 한자를 써 보아요!

間								

Day
20

080 호 근소[戶 斤所]

－ 戶와 斤으로 된 한자

🎧 080 한자 듣기 ◐

4급Ⅱ

戶 　4획

한 짝으로 된 문(戶)을 본떠서 **문 호**

또 (옛날에는 대부분 문이 한 짝씩 달린 집이었으니)

집도 나타내어 **집 호**

＋ 두 짝으로 된 문은 '문 문(門)'

3급

斤 　4획

도끼나 옛날 저울을 본떠서 **도끼 근, 저울 근**

선생님의 한 말씀

도끼나 물건을 들어 올려 달던 옛날의 저울 모양을 보고 만든 한자네요.
근(斤)은 재래식 저울로 다는 무게 단위를 말하며, 1근은 보통 약 600g이 원칙이지만 약재 같은 것은 375g으로 재지요.

7급

戶 　8획

집(戶)에 도끼(斤)를 두는 장소니 **장소 소**

또 장소처럼 앞에서 말한 내용을 이어받는 '바'로도 쓰여 **바 소**

＋ 바 － ① 앞에서 말한 내용 그 자체나 일 등을 나타내는 말.
　　　　② (어미 '~을' 뒤에 쓰여) 일의 방법이나 방도.

＋ 斤(도끼 근, 저울 근)

＋ 도끼처럼 위험한 도구는 일정한 장소에 두었지요.

| ★ | 場 마당 장 상황 장 | 所 장소 소 | **장소** － 어떤 일이 이루어지거나 일어나는 곳. |
| ★ | 所 바 소 | 有 가질 유 있을 유 | **소유** － '가진 바'로, 가지고 있음. 또는 그 물건. |

순서에 맞게 한자를 써 보아요!

所							

실력 체크 퀴즈 (077~080)

점수 ___ /12

1. 다음 한자의 훈과 음을 쓰세요.

01. 間 ☐

02. 電 ☐

03. 問 ☐

04. 門 ☐

05. 所 ☐

06. 市 ☐

2. 다음 밑줄 친 한자어의 음을 쓰세요.

07. 전시 **空間**이 필요한 사람들에게 대여해 줄 예정이다. ☐☐

08. 우리 모이기로 한 **場所**가 어디야? ☐☐

09. 아버지가 학교 **正門**에서 기다리고 계신다. ☐☐

3. 다음 밑줄 친 한자어를 〈보기〉에서 찾아 그 번호를 쓰세요.

보기

① 問安   ② 市場   ③ 大門   ④ 間食   ⑤ 電話   ⑥ 出市

10. 어머니가 **시장**에서 간장게장을 사 오셨다. ☐

11. 나 대신 **전화** 좀 받아 줄래? ☐

12. **대문** 앞에 세워놨던 자전거가 사라졌다. ☐

정답

01. 사이 간 02. 번개 전, 전기 전 03. 물을 문 04. 문 문 05. 장소 소, 바 소 06. 시장 시, 시내 시
07. 공간 08. 장소 09. 정문 10. ② 11. ⑤ 12. ③

점수 　　　　 /24

1. 다음 한자의 훈과 음을 쓰세요.

01. 內 ⬜

02. 紙 ⬜

03. 所 ⬜

04. 場 ⬜

05. 問 ⬜

06. 漢 ⬜

2. 다음 밑줄 친 한자어의 음을 쓰세요.

07. 주말에 **韓紙** 만들기 체험을 하고 왔다. ⬜⬜

08. 이 **植物**은 온도와 습도에 민감하게 반응한다. ⬜⬜

09. 거실 조명은 오후 10시가 되면 **自動**으로 꺼진다. ⬜⬜

3. 다음 밑줄 친 한자어를 〈보기〉에서 찾아 그 번호를 쓰세요.

• 보기 •

① 自主　② 旗手　③ 王命　④ 事物　⑤ 人力　⑥ 寸數

10. 국가대표 선수단이 **기수**를 앞세우고 입장했다. ⬜

11. 올해는 반드시 전문 **인력**을 확보해야 한다. ⬜

12. 무슨 일이 있어도 **왕명**을 거역해서는 안 된다. ⬜

정답

01. 안 내 02. 종이 지 03. 장소 소, 바 소 04. 마당 장, 상황 장 05. 물을 문 06. 한나라 한 07. 한지 08. 식물
09. 자동 10. ② 11. ⑤ 12. ③

4. 다음 훈과 음에 맞는 한자를 〈보기〉에서 찾아 그 번호를 쓰세요.

보기
① 算   ② 家   ③ 草   ④ 語   ⑤ 記   ⑥ 物   ⑦ 答   ⑧ 同

13. 물건 물 ☐

16. 대답할 답 ☐

14. 풀 초 ☐

17. 셈 산 ☐

15. 집 가 ☐

18. 기록할 기 ☐

5. 다음 뜻에 맞는 한자어를 〈보기〉에서 찾아 그 번호를 쓰세요.

보기
① 出市   ② 市場   ③ 洞長   ④ 同長   ⑤ 入金   ⑥ 電話

19. 동의 행정을 맡아보는 으뜸 직위에 있는 사람. ☐

20. (상품 따위를) 시장에 내놓음. ☐

6. 다음 한자의 진하게 표시한 획은 몇 번째 쓰는지 숫자로 쓰세요.

21. 内 ☐

23. 家 ☐

22. 命 ☐

24. 民 ☐

정답

13. ⑥ 14. ③ 15. ② 16. ⑦ 17. ① 18. ⑤ 19. ③ 20. ① 21. 4 22. 7 23. 4 24. 2

081

정 가가[丁 可歌]

― 丁과 可로 된 한자

🎧 081 한자 듣기 ▶

4급

一   2획

고무래나 못(丁)을 본떠서 **고무래 정, 못 정**

또 고무래처럼 튼튼한 장정도 가리켜서 **장정 정**

+ 고무래 – 곡식을 말릴 때 넓게 펴서 고르는 도구로, 단단한 나무로 튼튼하게 만들었지요.

5급

口   5획

장정(丁)처럼 씩씩하게 말할(口) 수 있는 것은 옳으니 **옳을 가**

또 옳으면 가히 허락하니 **가히 가, 허락할 가**

> **선생님의 한 말씀**
>
> '가히'는 '~ㄹ 만하다', '~ㄹ 수 있다', '~ㅁ직하다' 등과 함께 쓰이며,
> '능히', '넉넉히'의 뜻입니다.

7급

欠   14획

옳다(可) 옳다(可) 하며 하품(欠)하듯 입 벌리고 부르는 노래니
노래 가

+ 欠 – 기지개 켜며(⺈) 사람(人)이 하품하는 모양에서 '하품 흠'
    또 하품하며 나태하면 능력이 모자라니 '모자랄 흠'

| ★ | 軍
군사 군 | 歌
노래 가 | 군가 – 군인들이 부르는 노래. |
| ★ | 校
학교 교 | 歌
노래 가 | 교가 – 학교를 상징하는 노래. |

순서에 맞게 한자를 써 보아요!

歌								

082 공강[工江]

– 工으로 된 한자

🎧 082 한자 듣기 ▶

工   3획

장인이 물건을 만들 때 쓰는 자를 본떠서

장인 공, 만들 공, 연장 공

+ 장인 – ① 匠人 – 물건 만듦을 직업으로 삼는 기술자.
　　　　② 丈人 – 아내의 친아버지.
　　　　여기서는 ①의 뜻.
+ 匠(장인 장), 丈(어른 장, 길이 장)

★ 木(나무 목) 工(장인 공 / 만들 공)

목공 – ① 나무를 다루어 물건을 만드는 일.
　　　 ② 목수(木手).

★ 工(만들 공) 場(마당 장 / 상황 장)

공장 – 원료나 재료를 가공하여 상품을 만들어 내는 곳.

순서에 맞게 한자를 써 보아요!

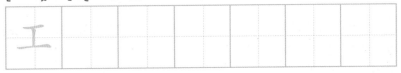

水(氵)   6획

물(氵)이 흘러가면서 만들어지는(工) 강이니 **강 강**

★ 江(강 강) 村(마을 촌)

강촌 – 강가의 마을.

순서에 맞게 한자를 써 보아요!

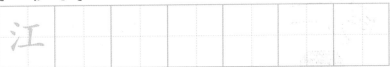

083

유우좌[有右左]
- 十의 변형(ナ)으로 된 한자

7급
肉(月) 6획

많이(ナ) 고기(月)를 가지고 있으니 **가질 유, 있을 유**

+ ナ[열 십, 많을 십(十)의 변형], 月(달 월, 육 달 월)

有	力	
있을 유	힘 력	유력 – 세력이나 재산이 있음.

★	有	名	
★	있을 유	이름 명 이름날 명	유명 – 이름이 세상에 널리 알려져 있음.

순서에 맞게 한자를 써 보아요!

有									

7급 II
口 5획

자주(ナ) 써서 말(口)에 잘 움직이는 오른쪽이니 **오른쪽 우**

+ 맨 左(왼쪽 좌)

★	左	右	
★	왼쪽 좌	오른쪽 우	좌우 – ① 왼쪽과 오른쪽을 아울러 이르는 말. ② 옆이나 곁 또는 주변. ③ 주위에 거느리고 있는 사람.

★	右	便	
	오른쪽 우	편할 편	우편 – 오른쪽.

순서에 맞게 한자를 써 보아요!

左									

7급Ⅱ

工　5획

(목수는 왼손에 자를 들고 오른손에 연필이나 연장을 드는 것을 생각하여)

많이(ナ) 자(工)를 쥐는 왼쪽이니 **왼쪽 좌**

+ 땐 右(오른쪽 우)
+ 工('장인 공, 만들 공, 연장 공'이지만 여기서는 자로 봄)

左	手
왼쪽 **좌**	손 **수**

좌수 – 왼쪽 손(왼손).

左	便
왼쪽 **좌**	편할 **편**

좌편 – 왼쪽.

Day
21

순서에 맞게 한자를 써 보아요!

左							

084

견연[犬然]
– 犬으로 된 한자

🎧 084 한자 듣기 ⭕

4급

犬 4획

(주인을) 크게(大) 점(丶)찍어 따르는 개니 개 견

+ 개는 주인을 알아보고 잘 따르지요.

👨‍🏫 선생님의 한 말씀

개 견(犬)이 글자의 왼쪽에 붙는 부수인 변으로 쓰일 때는 '큰 개 견(犭)'으로,
여러 짐승을 나타낼 때도 쓰이니 '개 사슴 록 변'으로도 부르지요.

7급

火(灬) 12획

**고기(夕)를 보면 개(犬)가 불(灬)처럼 열 내며 달려가듯 순리에 맞게
그러하니 그러할 연**

+ 夕[달 월, 육 달 월(月)의 변형], 灬(불 화 발)

★	天 하늘 천	然 그러할 연

천연 – ① 사람의 힘을 가하지 않고 저절로 이루어진 자연
　　　　　그대로의 상태.
② 인공적으로 달리 움직이거나 변화시킬 수 없는 상태.
③ 아주 비슷하게.

★★★	自 스스로 자	然 그러할 연

자연 – 사람의 힘이 더해지지 아니하고 저절로 생겨난 산,
강, 바다, 식물, 동물 따위의 존재. 또는 그것들이 이
루는 지리적·지질적 환경.

순서에 맞게 한자를 써 보아요!

然									

실력 체크 퀴즈 (081~084)

Day 21

점수 /12

1. 다음 한자의 훈과 음을 쓰세요.

01. 右 [   ]

02. 歌 [   ]

03. 然 [   ]

04. 工 [   ]

05. 有 [   ]

06. 江 [   ]

2. 다음 밑줄 친 한자어의 음을 쓰세요.

07. 선조들은 **自然**의 아름다움을 노래했다. [ ][ ]

08. 길을 건널 때는 **左右**를 잘 살펴야 한다. [ ][ ]

09. **校歌**를 외우지 못해서 입만 뻥긋거렸다. [ ][ ]

3. 다음 밑줄 친 한자어를 〈보기〉에서 찾아 그 번호를 쓰세요.

보기
① 軍歌   ② 天然   ③ 右便   ④ 木工   ⑤ 工場   ⑥ 江村

10. 민수는 가구 회사에 들어가 **목공** 일을 배우고 있다. [ ]

11. 할아버지는 아직도 **군가**를 기억하고 계신다. [ ]

12. **강촌**의 나루터에서 뗏목을 타고 강을 건넜다. [ ]

정답

01. 오른쪽 우 02. 노래 가 03. 그러할 연 04. 장인 공, 만들 공, 연장 공 05. 가질 유, 있을 유 06. 강 강
07. 자연 08. 좌우 09. 교가 10. ④ 11. ① 12. ⑥

085

궁제[弓弟]
– 弓으로 된 한자

🎧 085 한자 듣기 ⊙

3급Ⅱ

弓   3획

등이 굽은 활(✎ → ⼸)을 본떠서 활 **궁**

8급

弓   7획

머리 땋고(丫) 활(弓)과 화살(丿)을 가지고 노는 아이는

아우나 제자니 아우 **제**, 제자 **제**

+ 閏 兄(형 형, 어른 형)

★ ★
兄	弟
형 형	아우 제

형제 – ① 형과 아우를 아울러 이르는 말.
② 형제와 자매, 남매를 통틀어 이르는 말.

★
弟	子
제자 제	아들 자

제자 – 스승으로부터 가르침을 받거나 받은 사람.

순서에 맞게 한자를 써 보아요!

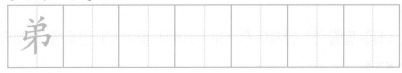

弟									

086

과 혹국[戈 或國]

– 戈와 或으로 된 한자

🎧 086 한자 듣기 ▶

2급

戈   **4획**

몸체가 구부러지고 손잡이가 있는 창을 본떠서 **창 과**

👨‍🏫 **선생님의 한 말씀**

옛날에는 전쟁을 많이 했기 때문에, 당시의 전쟁 무기였던 칼 도 (刀), 활 궁(弓), 화살 시(矢), 주살 익(弋), 창 과(戈), 창 모 (矛) 등과 관련되어 만들어진 한자들도 많습니다.

4급

戈   **8획**

창(戈) 들고 식구(口)와 땅(一)을 지키며

혹시라도 있을지 모르는 적의 침입에 대비하니 **혹시 혹**

+ 口('입 구, 구멍 구, 말할 구'지만 여기서는 식구로 봄), 一('한 일'이지만 여기서는 땅으로 봄)

8급

口   **11획**

사방을 에워싸고(口) 혹시(或)라도 쳐들어올 것을 지키는 나라니

나라 국

+ 口(에운담)

 국민 – 국가를 구성하는 사람. 또는 그 나라의 국적을 가진 사람.

★ 國 民 / 나라 국 / 백성 민

 국화 – 한 나라를 상징하는 꽃.

★ 國 花 / 나라 국 / 꽃 화

순서에 맞게 한자를 써 보아요!

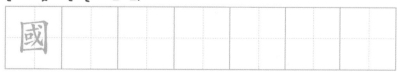

발 두등[癶 豆登]

087

— 癶과 豆로 된 한자

🎧 087 한자 듣기 ►

부수자

5획

등지고 걸어가는 모양에서 **등질 발, 걸을 발**

4급 II

豆　7획

제기(🎩 → 豆) 모양을 본떠서 **제기 두**

또 제기처럼 둥근 콩이니 **콩 두**

+ 제기(祭器) – 제사 때 쓰는 그릇.
+ 祭(제사 제, 축제 제), 器(그릇 기, 기구 기)

7급

癶　12획

제기(豆)처럼 납작한 곳을 디디며 걸어(癶) 오르니 **오를 등**

또 문서에 올려 기재하니 **기재할 등**

★ | 登 오를 등 | 山 산 산 |

등산 – 산에 오름.

★ | 登 기재할 등 | 記 기록할 기 |

등기 – ① (어떤 사실이나 관계를) 공식 문서에 올려 적음.
② 우편물 특수 취급의 하나.

순서에 맞게 한자를 써 보아요!

登									

088

두립[亠立]
亠 亠로 된 한자

🎧 088 한자 듣기 ▶

Day
22

부수자

2획

옛날 갓을 쓸 때 상투를 튼 머리 부분을 본떠서
머리 부분 **두**

7급Ⅱ

立　5획

사람이 다리 벌리고 **땅**(一)에 서 있는 모양에서 설 **립(입)**
+ 一('한 일'이지만 여기서는 땅으로 봄)

★

立	場
설 립(입)	상황 장

입장 – 서 있는(당면하고 있는) 상황.

★★

自	立
스스로 자	설 립

자립 – (남의 힘을 빌리지 않고) 스스로 섬.

순서에 맞게 한자를 써 보아요!

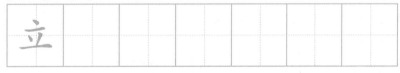

立

실력체크 퀴즈 (085~088)

점수 ___ /10

1. 다음 한자의 훈과 음을 쓰세요.

01. 登 [ ]

02. 弟 [ ]

03. 立 [ ]

04. 國 [ ]

2. 다음 밑줄 친 한자어의 음을 쓰세요.

05. 부모님은 우리 삼**兄弟**에게 큰 기대를 걸고 계신다. [ ][ ]

06. 어제 **登山**을 했더니 온몸이 쑤신다. [ ][ ]

07. 대한민국 **國民**은 법 앞에 모두 평등합니다. [ ][ ]

3. 다음 밑줄 친 한자어를 〈보기〉에서 찾아 그 번호를 쓰세요.

보기
① 弟子   ② 國花   ③ 自立   ④ 登記   ⑤ 立場   ⑥ 國民

08. 10년 전 가르쳤던 **제자**가 학교에 찾아왔다. [ ]

09. 민지는 부모님의 도움 없이 **자립**에 성공했다. [ ]

10. 둘 사이에 낀 내가 **입장**이 난처해졌다. [ ]

정답

01. 오를 등, 기재할 등 02. 아우 제, 제자 제 03. 설 립(입) 04. 나라 국 05. 형제 06. 등산 07. 국민 08. ①
09. ③ 10. ⑤

089

언 오어[言 吾語]

― 言과 吾로 된 한자

🎧 089 한자 듣기 ▶

6급

言 7획

머리(亠)로 두(二) 번 이상 생각하고 입(口)으로 말하는 말씀이니

말씀 언

+ 亠(머리 부분 두)

선생님의 한 말씀

한 번 한 말은 되돌릴 수 없으니, 말은 잘 생각하고 해야 하지요.

3급

口 7획

다섯(五) 손가락, 즉 손으로 자신을 가리키며 말하는(口) 나니

나 오

+ 口(입 구, 구멍 구, 말할 구)

7급

言 14획

말(言)로 나(吾)의 뜻을 알리는 말씀이니 **말씀 어**

+ ⊞ 言(말씀 언), 話(말씀 화, 이야기 화)

語 말씀 어	文 글월 문

어문 ― 말과 글을 아울러 이르는 말.

國 나라 국	語 말씀 어

국어 ― 한 나라의 국민이 쓰는 말.

순서에 맞게 한자를 써 보아요!

語							

Day 23

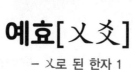
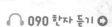

090 예효[乂爻]

− 乂로 된 한자 1

🎧 090 한자 듣기 ➡

특급II

丿   2획

이리저리 베어 다스리는 모양이 어지니

벨 예, 다스릴 예, 어질 예

1급

爻   4획

육효가 서로 엇갈린 점괘를 본떠서 **점괘 효**

또 서로 교차하여 사귀며 좋은 점을 본받으니

사귈 효, 본받을 효

+ 육효(六爻) − 주역(周易)의 괘를 이루는 6개의 가로 그은 획.
+ 주역(周易) − 중국의 점에 관한 책으로, 오경(五經)의 하나.

문부[文父]

091

– 父로 된 한자 2

🎧 091 한자 듣기 ▶

Day
23

7급

文 　4획

머릿(亠)속의 생각을 다스려(乂) 무늬처럼 써 놓은 글월이니

무늬 문, 글월 문

+ 글월 – 글이나 문장.
+ 亠(머리 부분 두)

★

文	物
글월 문	물건 물

문물 – 문화의 산물. 곧 정치, 경제, 종교, 예술, 법률 따위의 문화에 관한 모든 것을 통틀어 이르는 말.

★

文	學
글월 문	배울 학

문학 – 사상이나 감정을 언어로 표현한 예술. 또는 그런 작품.

순서에 맞게 한자를 써 보아요!

文								

8급

父 　4획

사람이 알아야 할 것을 조목조목 나누어(八) 어질게(乂) 가르치는

아버지니 아버지 부

+ 반 母(어머니 모)

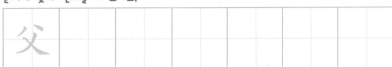

★

父	母
아버지 부	어머니 모

부모 – 아버지와 어머니.

★

祖	父
할아버지 조 조상 조	아버지 부

조부 – ① 부모의 아버지를 이르는 말.
② 부모의 아버지와 한 항렬에 있는 남자를 통틀어 이르는 말.

순서에 맞게 한자를 써 보아요!

父								

092 교교[交校]
– 交로 된 한자

🎧 092 한자 듣기 ►

6급
亠 6획

(옛날에는) **머리(亠)**에 갓을 쓰고 **아버지(父)**는 사람을 사귀거나 오고
갔으니 **사귈 교, 오고 갈 교**

+ 亠(머리 부분 두), 父(아버지 부)

👓 선생님의 한 말씀

아버지 같은 어른이 사람을 맞이할 때는 옷을 단정하게 입지요.

8급
木 10획

나무(木)에 지주를 **교차(交)**시켜 바로잡듯이 사람을 바르게 가르치는
학교니 **학교 교**

또 글을 바로잡으려고 교정보니 **교정볼 교**

또 사병을 바로잡아 지휘하는 장교니 **장교 교**

+ 교정(校正) – 교정쇄와 원고를 대조하여 잘못된 부분을 바르게 고침.
+ 교정쇄 – 인쇄물의 교정을 보기 위하여 임시로 조판된 내용을 찍는 인쇄. 또는 그렇게
  찍어 낸 인쇄물.

★★	學 배울 학 학교 학	校 학교 교	학교 – 학생에게 교육을 실시하는 기관.
★	登 오를 등	校 학교 교	등교 – 학생이 학교에 오름(감). ↔ 하교(下交)
★	全 온전할 전	校 학교 교	전교 – 한 학교의 전체.

순서에 맞게 한자를 써 보아요!

실력 체크 퀴즈 (089~092)

점수 　　　/10

1. 다음 한자의 훈과 음을 쓰세요.

01. 父 ☐

02. 語 ☐

03. 文 ☐

04. 校 ☐

2. 다음 밑줄 친 한자어의 음을 쓰세요.

05. **學校**에 신발주머니를 놓고 왔다. ☐☐

06. 민우는 대학에서 프랑스 **文學**을 전공했다. ☐☐

07. 나는 수학보다는 **國語**를 더 좋아한다. ☐☐

3. 다음 밑줄 친 한자어를 〈보기〉에서 찾아 그 번호를 쓰세요.

　● 보기 ●
① 文物　② 祖父　③ 語文　④ 全校　⑤ 登校　⑥ 父母

08. 아이의 성장을 위해서는 **부모**의 관심이 중요하다. ☐

09. 폭우로 인해 **등교** 시간이 변경되었다. ☐

10. 동양과 서양의 **문물**은 서로 활발하게 교류되어왔다. ☐

정답

01. 아버지 부　02. 말씀 어　03. 무늬 문, 글월 문　04. 학교 교, 교정볼 교, 장교 교　05. 학교　06. 문학　07. 국어
08. ⑥　09. ⑤　10. ①

093 구학[臼學]

－ 臼로 된 한자

🎧 093 한자 듣기 ○

1급

臼 6획

곡식을 찧거나 빻는 절구를 본떠서 **절구 구**

➕ 절구 - 곡식을 찧거나 빻는 데 쓰는 도구.

8급

子 16획

절구(ㅌㅋ) 같은 교실에서 친구도 사귀며(爻) 덮인(冖) 책을 펴놓고
아들(子)이 글을 배우니 **배울 학**

또 글을 배우는 학교니 **학교 학**

➕ ㅌㅋ[절구 구(臼)의 변형], 冖(덮을 멱), 子(아들 자, 접미사 자)

➕ 爻 - 교차하는 표(×)를 겹쳐 써서 서로 사귐을 뜻하여 '사귈 효'
　　　또 사귀며 좋은 점을 본받으니 '본받을 효'

學 학교 학 배울 학	生 사람을 부를 때 쓰는 접사 생

★ 학생 - 학교에 다니면서 공부하는 사람.

學 배울 학	力 힘 력

★ 학력 - 교육을 통하여 얻은 지식이나 기술 등의 능력.

순서에 맞게 한자를 써 보아요!

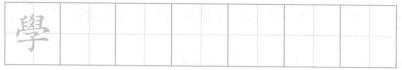

094

사육[厶育]
– 厶로 된 한자

 094 한자 듣기 ◉

부수자

2획

팔 굽혀 사사로이 나에게 끌어당기는 모양에서
사사로울 **사**, 나 **사**

> **선생님의 한 말씀**
> 지금은 부수로만 쓰이고 '사사롭다'라는 뜻의 한자로는 '사사로울 사(私)'를 씁니다.

7급

肉(月) 8획

머리(亠)부터 내(厶) 몸(月)처럼 기르니 **기를 육**

+ 亠(머리 부분 두), 月(달 월, 육 달 월)

★ | 育 | 林
★ | 기를 육 | 수풀 림

육림 – '수풀을 기름'으로, 나무를 심거나 씨를 뿌려 인공적으로 나무를 가꾸는 일. 길러 이루게(자라게) 함.

★ | 敎 | 育
★ | 가르칠 교 | 기를 육

교육 – 가르쳐서 기름.

순서에 맞게 한자를 써 보아요!

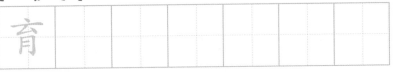

Day
24

지실[至室]

– 至로 된 한자

🎧 095 한자 듣기 ▶

至 6획

하나(一)의 사사로운(厶) 땅(土)에 이르니 **이를 지**

또 이르러(至) 보살핌이 지극하니 **지극할 지**

➕ 一(한 일), 厶(사사로울 사, 나 사), 土(흙 토)

宀 9획

지붕(宀) 아래 이르러(至) 쉬는 집이나 방이니 **집 실, 방 실**

또 주로 집에서 살림하는 아내도 가리켜서 **아내 실**

➕ 㞢 家(집 가, 전문가 가)

★ 室內
집 실   안 내   실내 – 집이나 건물 따위의 안.

★ 室外
집 실   밖 외   실외 – 집이나 건물 따위의 밖.

순서에 맞게 한자를 써 보아요!

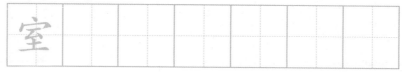

학습 날짜	月	日	학습 완료 체크	본인	부모님

096

척 요후[彳 幺後]

– 彳과 幺로 된 한자

🎧 096 한자 듣기 ▶

부수자

3획

사거리를 본떠서 만든 다닐 행(行)의 왼쪽 부분으로

조금 걸을 척

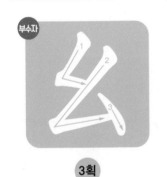

부수자

3획

작고 작은 어린 아기 모양을 본떠서 **작을 요, 어릴 요**

7급Ⅱ

彳   9획

조금씩 걷고(彳) 조금(幺)씩 천천히 걸으면(夂) 뒤지고 늦으니

뒤 후, 늦을 후

+ 땐 先(먼저 선), 前(앞 전)
+ 彳(조금 걸을 척), 夂(천천히 걸을 쇠, 뒤져올 치)

★

後	食
뒤 후 늦을 후	밥 식 먹을 식

후식 – ① 식사를 한 뒤에 먹는, 과일이나 음료수 따위의 간
단한 음식.
② 나중에 먹음.

★★

午	後
낮 오	뒤 후

오후 – '정오 후'로, 낮 열두 시부터 밤 열두 시까지의 시간.

★

前	後
앞 전	뒤 후

전후 – ① 앞과 뒤.
② 먼저와 나중.

순서에 맞게 한자를 써 보아요!

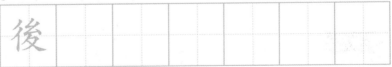

Day
24

1. 다음 한자의 훈과 음을 쓰세요.

01. 育 [   ]

02. 後 [   ]

03. 學 [   ]

04. 室 [   ]

2. 다음 밑줄 친 한자어의 음을 쓰세요.

05. 우리 학교는 학생들의 인성 **教育**에 힘쓰고 있다. [ ][ ]

06. 오늘 **午後** 세 시에 영화를 보기로 했다. [ ][ ]

07. **室內**에서는 정숙해 주시기 바랍니다. [ ][ ]

3. 다음 밑줄 친 한자어를 〈보기〉에서 찾아 그 번호를 쓰세요.

보기
① 室外   ② 學力   ③ 學生   ④ 育林   ⑤ 後食   ⑥ 前後

08. 이번 채용 조건에서는 **학력** 제한을 없앴다. [ ]

09. 아저씨는 나무에 비료를 주는 등 **육림** 작업을 했다. [ ]

10. 오늘 점심 **후식**은 아이스크림이다. [ ]

정답

01. 기를 육 02. 뒤 후, 늦을 후 03. 배울 학, 학교 학 04. 집 실, 방 실, 아내 실 05. 교육 06. 오후 07. 실내
08. ② 09. ④ 10. ⑤

치하동[夂夏冬]

– 夂로 된 한자

🎧 097 한자 듣기 ◐

부수자

3획

사람(ク)이 다리를 끌며(乀) 천천히 걸어 뒤져오니

천천히 걸을 **쇠**, 뒤져올 **치**

+ ク[사람 인(人)의 변형], 乀('파임 불'이지만 여기서는 다리를 끄는 모양으로 봄)

7급

夂　10획

(너무 더워서) 하나(一) 같이 스스로(自) 천천히 걸으려고(夂)

하는 여름이니 **여름 하**

+ 自(자기 자, 스스로 자, 부터 자) – 제목번호 055 참고

長	夏
길 장	여름 하

장하 – ① 해가 긴 여름.
　　　② 음력 6월을 빗대어 이르는 말.

★
立	夏
설 (립)입	여름 하

입하 – '여름이 섬(시작함)'으로, 24절기의 하나로, 일 년 중 여름이 시작된다는 날.

순서에 맞게 한자를 써 보아요!

夏								

7급

氷(冫)　5획

계절 중 뒤에 와서(夂) 물이 어는(冫) 겨울이니 **겨울 동**

+ 冫['얼음 빙(氷)'이 부수로 쓰일 때의 모양인 이 수 변(冫)의 변형]

★★

立	冬
설 (립)입	겨울 동

입동 – '겨울이 섬(시작함)'으로, 24절기의 하나로, 일 년 중 겨울이 시작된다는 날.

★

冬	天
겨울 동	하늘 천

동천 – ① 겨울 하늘.
　　　② 겨울날.

순서에 맞게 한자를 써 보아요!

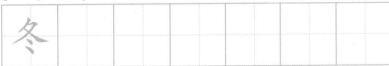

冬								

Day
25

098

복교[攵(攴)敎]
– 攵으로 된 한자

🎧 098 한자 듣기 ▶

4획

이리(丿)저리(一) 엇갈리게(乂) 치니 칠 복

+ 동 攴(攵) – 점(卜)칠 때 오른손(又)에 회초리 들고 툭툭 치면서 점친다는 데서 '칠 복'
+ 동 – 뜻이 같은 한자.
+ 비 夊(천천히 걸을 쇠, 뒤져올 치)
+ 칠 복(攵 = 攴)은 4획, 천천히 걸을 쇠, 뒤져올 치(夊)는 3획입니다.
+ 卜(점 복), 又(오른손 우, 또 우), 乂(벨 예, 다스릴 예, 어질 예)

8급

攵 11획

어질게(乂) 많이(耂) 자식(子)을 치며(攵) 가르치니 가르칠 교

+ 耂['열 십, 많을 십(十)'의 변형], 子(아들 자, 접미사 자)

★★ | 敎 가르칠 교 | 室 집 실 / 방 실 | 교실 – ① 학생들이 수업하는 방.
② 일정한 분야를 연구하는 모임.
★★★ | 敎 가르칠 교 | 育 기를 육 | 교육 – 지식과 기술 등을 가르치며 인격을 길러 줌.

순서에 맞게 한자를 써 보아요!

敎								

099

루수[婁數]
– 婁로 된 한자

🎧 099 한자 듣기 ▸

특급Ⅱ

女　11획

쌓이게(毌) 여자(女)가 끌어다 쌓으니

끌 루(누), 쌓을 루(누)

+ 毌(쌓인 모양), 女(여자 녀)

7급

女　15획

쌓인(婁) 물건을 치면서(攵) 세니 **셀 수**

+ ㊌ 算(셈 산)

| ★ | 數 셀 수 | 學 배울 학 | 수학 – 수·양·공간을 연구하는 학문. |

| ★★ | 算 셈 산 | 數 셀 수 | 산수 – ① 수를 셈함. ② 수의 성질, 셈의 기초, 초보적인 기하 따위를 가르치던 학과목. |

순서에 맞게 한자를 써 보아요!

| 數 | | | | | | | | |

Day
25

100 위한[韋韓]
- 韋로 된 한자

🎧 100 한자 듣기 ▶

韋 9획

위아래를 잘 다듬은 가죽을 본떠서 **가죽 위**

또 서로 반대 방향으로 가는(어기는) 모양으로도 보아 **어길 위**

韋 17획

해 돋는(卓) 동쪽의 위대한(韋) 한국이니 **한국 한**

+ 韋['가죽 위, 어길 위'지만 여기서는 클 위, 훌륭한 위(偉)의 획 줄임으로 봄]

★

來	韓
올 래(내)	한국 한

내한 – 외국인이 한국에 옴.

韓	國
한국 한	나라 국

한국 – 대한민국(大韓民國)을 줄인 말. 한민족이 살고 있는 나라.

순서에 맞게 한자를 써 보아요!

韓

1. 다음 한자의 훈과 음을 쓰세요.

01. 夏 [   ]   04. 敎 [   ]

02. 韓 [   ]   05. 數 [   ]

03. 冬 [   ]

2. 다음 밑줄 친 한자어의 음을 쓰세요.

06. 立冬이 지나면서 진정한 겨울이 시작된다고 한다. [ ][ ]

07. 인생 처음으로 **數學** 시험에서 100점을 받았다. [ ][ ]

08. 오늘은 **敎室** 청소 당번을 정하는 날이다. [ ][ ]

3. 다음 밑줄 친 한자어를 〈보기〉에서 찾아 그 번호를 쓰세요.

● 보기 ●

① 來韓   ② 長夏   ③ 敎育   ④ 算數   ⑤ 韓國   ⑥ 立夏

09. 올해 7월에 외국 밴드의 **내한** 공연이 있다고 한다. [ ]

10. 어머니는 자식 **교육**에 누구보다 열정적이시다. [ ]

11. **한국**은 사계절이 뚜렷하게 나타난다. [ ]

정답

01. 여름 하 02. 한국 한 03. 겨울 동 04. 가르칠 교 05. 셀 수 06. 입동 07. 수학 08. 교실 09. ① 10. ③
11. ⑤

1. 다음 한자의 훈과 음을 쓰세요.

01. 後 _____

02. 弟 _____

03. 有 _____

04. 數 _____

05. 文 _____

06. 工 _____

2. 다음 밑줄 친 한자어의 음을 쓰세요.

07. 지하 주차장 말고 **室外** 주차장으로 가볼까? ☐☐

08. 그에게 보내는 편지를 빠른 **登記**로 부쳤다. ☐☐

09. 어머니 **左便**에 앉아 있는 사람이 내 아버지셔. ☐☐

3. 다음 밑줄 친 한자어를 〈보기〉에서 찾아 그 번호를 쓰세요.

보기
① 算數   ② 工場   ③ 所有   ④ 木工   ⑤ 木手   ⑥ 數學

10. 그건 일반 풀 말고 **목공** 풀로 붙여야 잘 붙어요. ☐

11. 오늘 딱지치기에서 딴 딱지들은 내 **소유**가 되었다. ☐

12. 어제 **산수** 시간에 나눗셈을 배웠다. ☐

정답

01. 뒤 후, 늦을 후 02. 아우 제, 제자 제 03. 가질 유, 있을 유 04. 셀 수 05. 무늬 문, 글월 문
06. 장인 공, 만들 공, 연장 공 07. 실외 08. 등기 09. 좌편 10. ④ 11. ③ 12. ①

4. 다음 훈과 음에 맞는 한자를 〈보기〉에서 찾아 그 번호를 쓰세요.

보기

① 校   ② 學   ③ 右   ④ 左   ⑤ 育   ⑥ 國   ⑦ 夏   ⑧ 歌

13. 노래 가 ☐

14. 왼쪽 좌 ☐

15. 나라 국 ☐

16. 학교 교 ☐

17. 기를 육 ☐

18. 여름 하 ☐

5. 다음 뜻에 맞는 한자어를 〈보기〉에서 찾아 그 번호를 쓰세요.

보기

① 登山   ② 國民   ③ 兄弟   ④ 國花   ⑤ 自然   ⑥ 冬天

19. 겨울 하늘. ☐

20. 한 나라를 상징하는 꽃. ☐

6. 다음 한자의 진하게 표시한 획은 몇 번째 쓰는지 숫자로 쓰세요.

21. 弟 ☐

22. 夏 ☐

23. 左 ☐

24. 文 ☐

정답

13. ⑧ 14. ④ 15. ⑥ 16. ① 17. ⑤ 18. ⑦ 19. ⑥ 20. ④ 21. 7 22. 5 23. 1 24. 3

MEMO

제 2 편

한자 응용하기

제1장 한자어 익히기

 선생님의 한 말씀

7급 배정한자를 응용한 한자어입니다. 시험에서는 2~3음절로 이루어진 한자어의 독음(讀音)을 쓰는 방식, 뜻풀이에 맞는 한자어(漢字語)를 고르는 방식 등으로 출제됩니다.

 시험에서는 이렇게

※ 다음 밑줄 친 漢字語의 음(음: 소리)를 쓰세요.

01. 이번 주 금요일은 동생의 生日입니다.

02. 제주도의 오름은 火山 활동으로 만들어졌습니다.

※ 다음 뜻에 맞는 漢字語를 〈보기〉에서 찾아 그 번호를 쓰세요.

> **보기**
> ① 直前　② 不問　③ 村老　④ 安全　⑤ 主人　⑥ 女王

67. 시골에 사는 늙은이.

68. 묻지 아니함.

家口 집 가, 입 구 ｜집안 식구. 집안의 사람 수.	**草家** 풀 초, 집 가 짚, 갈대 등으로 지붕을 인 집.
農家 농사 농, 집 가 농사를 본업으로 하는 사람의 가정.	**外家** 밖 외, 집 가 '밖의 집'으로, 어머니의 친정.

歌手 노래 가, 재주 있는 사람 수 노래 부르는 것이 직업인 사람.	**軍歌** 군사 군, 노래 가 군인들이 부르는 노래.
校歌 학교 교, 노래 가 학교를 상징하는 노래.	**歌王** 노래 가, 임금 왕 노래를 가장 잘 부르는 사람.

間

時間
때 시, 사이 간
어떤 시각에서 어떤
시각까지의 사이.

空間
빌 공, 사이 간
아무것도 없는 빈 곳.
쓰지 아니하는 빈칸.

中間
가운데 중, 사이 간
두 사물, 공간, 시간 등의
가운데.

間食
사이 간, 먹을 식
끼니 사이에 먹는 음식.

車

車便
차 차, 편할 편
차가 사람, 물건을 싣고
오고 가는 편.

車道
차 차, 길 도
자동차만 다니도록 만든 길.

人力車
사람 인, 힘 력,
수레 거
사람의 힘으로 끄는 수레.

車內
차 차, 안 내
열차, 자동차,
전차 따위의 안

空

空氣
하늘 공, 기운 기
'하늘 기운'으로, 동식물의
호흡에 필수적인 기체.

空白
빌 공, 깨끗할 백
(아무것도 없이) 비어
깨끗함(비어 있음).

空中
하늘 공, 가운데 중
하늘과 땅 사이의 빈 곳.

上空
위 상, 하늘 공
높은 하늘.

江

江北
강 강, 북쪽 북
강의 북쪽 지역.
한강 이북 지역.

漢江
한나라 한, 강 강
우리나라 중부를 흐르는 강.

江村
강 강, 마을 촌
강가의 마을.

江山
강 강, 산 산
'강과 산'으로, 자연의 경치.

工

工夫
만들 공, 사내 부
학문이나 기술을 배우고
익힘.

工場
만들 공, 마당 장
원료, 재료를 가공해 상품을
만들어 내는 곳.

木工
나무 목, 장인 공
나무를 다뤄 물건을 만드는
일. 목수.

工事
만들 공, 일 사
토목이나 건축 등의 일.

教

教育
가르칠 교, 기를 육
지식, 기술 등을 가르치며
인격을 길러 줌.

教室
가르칠 교, 방 실
학생들이 수업하는 방.
일정 분야를 연구하는 모임.

教人
가르칠 교, 사람 인
종교를 가진 사람.

教正
가르칠 교, 바를 정
가르쳐서 바르게 함.

學校
배울 학, 학교 교
학생에게 교육을 실시하는
기관.

登校
오를 등, 학교 교
학생이 학교에 오름(감).

食口
먹을 식, 입 구
한집에 살며 끼니를
같이하는 사람.

家口
집 가, 입 구
집안 식구.
집안의 사람 수.

校時
학교 교, 때 시
학교의 수업 시간을 세는
단위.

全校
온전할 전, 학교 교
한 학교의 전체.

人口
사람 인, 입 구
일정한 지역에
사는 사람의 수.

出入口
날 출, 들 입, 입 구
나가고 들어오는 구멍(문).

校

口

九重
아홉 구, 거듭 중
여러 겹이나 층.
임금이 사는 대궐 안.

國旗
나라 국, 기 기
나라의 상징으로
정하여진 깃발.

國土
나라 국, 흙 토
나라의 땅.
한 나라의 통치권이
미치는 지역.

九萬里
아홉 구, 일만 만, 거리 리
'구만리'로, 아득하게 먼 거리를 비유.

國民
나라 국, 백성 민
국가를 구성하는 사람. 또는
그 나라의 국적을 가진 사람.

國花
나라 국, 꽃 화
한 나라를 상징하는 꽃.

國

軍歌
군사 군, 노래 가
군인들이 부르는 노래.

海軍
바다 해, 군사 군
바다를 지키는 군대.

千金
일천 천, 금 금
많은 돈, 귀중한 것을
비유하는 말.

入金
들 입, 돈 금
돈을 들여놓거나 넣음.

空軍
하늘 공, 군사 군
공중에서 임무를 수행하는
군대.

水軍
물 수, 군사 군
(조선 시대에) 바다를
지키던 군대.

金色
금 금, 빛 색
황금과 같이 광택이 나는
누런색.

入出金
들 입, 나갈 출,
돈 금
들어오는 돈과 나가는 돈.

軍

金

旗

國旗
나라 국, 기 기
나라의 상징으로
정하여진 깃발.

青旗
푸를 청, 기 기
푸른 빛깔의 깃발.

手旗
손 수, 기 기
손에 쥐는 작은 깃발.

旗手
기 기, 재주
있는 사람 수
'깃발을 드는 사람'.
앞장서는 사람.

氣

空氣
하늘 공, 기운 기
'하늘 기운'으로, 동식물의
호흡에 필수적인 기체.

氣色
기운 기, 빛 색
얼굴빛.
눈치나 낌새.

電氣
전기 전, 기운 기
물체의 마찰에서 일어나는
에너지의 한 형태.

日氣
날 일, 기운 기
'날의 기운'으로,
그날그날의 날씨 상태.

記

日記
날 일, 기록할 기
날마다 겪은 일 등을 적는
개인의 기록.

登記
가재할 등, 기록할 기
공식 문서에 올려 적음.
우편물 특수 취급의 하나.

記入
기록할 기, 들 입
수첩이나 문서 등에 적어
넣음.

記事
기록할 기, 일 사
신문, 잡지 등에서 어떤
사실을 알리는 글.

男

長男
어른 장, 사내 남
둘 이상의 아들 가운데 맏이.

男女
사내 남, 여자 녀
남자와 여자.

男子
사내 남, 접미사 자
남성으로 태어난 사람.

男便
사내 남, 편할 편
혼인하여 여자의 짝이 된
남자.

南

南海
남쪽 남, 바다 해
남쪽에 있는 바다.

江南
강 강, 남쪽 남
강의 남쪽 지역.
한강 이남 지역.

三南
석 삼, 남쪽 남
충청도, 전라도, 경상도 세
지방을 통틀어 이르는 말.

南韓
남쪽 남, 한국 한
분단된 대한민국의 휴전선
남쪽 지역을 가리키는 말.

內

市內
시내 시, 안 내
도시의 중심가.
시의 경계 안.

邑內
고을 읍, 안 내
읍의 구역 안.

室內
집 실, 안 내
집이나 건물 따위의 안.

內面
안 내, 향할 면
물건의 안쪽.
사람의 속마음.

男女 사내 남, 여자 녀 남자와 여자.	**少女** 젊을 소, 여자 녀 (아직 완전히 성숙하지 아니한) 어린 여자아이.
孝女 효도 효, 여자 녀 부모를 잘 섬기는 딸.	**父女** 아버지 부, 여자 녀 아버지와 딸.

女

每年 매양 매, 해 년 한 해 한 해. 해마다.	**少年** 젊을 소, 해 년 (아직 완전히 성숙하지 아니한) 어린 사내아이.
來年 올 내, 해 년 올해의 바로 다음 해.	**老年** 늙을 노, 해 년 나이가 들어 늙은 때.

年

農夫 농사 농, 사내 부 농사를 직업으로 삼는 사람.	**農事** 농사 농, 일 사 곡식, 채소 등을 심어 기르고 거두는 일.
農村 농사 농, 마을 촌 농사짓는 사람들이 주로 사는 마을.	**農場** 농사 농, 마당 장 농업을 경영하는 곳.

農

正答 바를 정, 대답할 답 바른(옳은) 답.	**答紙** 대답할 답, 종이 지 문제의 해답을 쓰는 종이.
問答 물을 문, 대답할 답 물음과 대답. 서로 묻고 대답함.	

答

大門 큰 대, 문 문 큰 문. 집의 정문.	**大王** 큰 대, 임금 왕 훌륭하고 뛰어난 임금.
重大 귀중할 중, 큰 대 (매우) 귀중하고 큼.	**大家** 큰 대, 전문가 가 전문 분야에서 뛰어나 권위를 인정받는 사람.

大

孝道 효도 효, 도리 도 부모를 잘 섬기는 도리.	**上水道** 위 상, 물 수, 길 도 (먹거나 쓸) 윗물이 오는 길(설비).
車道 차 차, 길 도 자동차만 다니도록 만든 길.	**中道** 가운데 중, 길 도 어느 한쪽으로 치우치지 아니하는 바른길.

道

立冬
설 입, 겨울 동
24절기의 하나. 일 년 중 겨울이 시작된다는 날.

冬天
겨울 동, 하늘 천
겨울 하늘.
겨울날.

活動
살 활, 움직일 동
몸을 움직여 행동함.
어떤 일의 성과를 거두기
위해 힘씀.

動物
움직일 동, 물건 물
'움직이는 물건'으로,
생물계의 두 갈래 가운데
하나.

出動
날 출, 움직일 동
일정한 목적을 실행하기
위해 떠남.

自動
스스로 자, 움직일 동
일, 행동 등이 의사와
상관없이 이루어짐.

同時
같을 동, 때 시
같은 때나 시기.

同門
같을 동, 문 문
같은 학교나 같은
스승에게 배운 사람.

同名
같을 동, 이름 명
같은 이름.

同一
같을 동, 한 일
(다른 것과 비교하여)
똑같음.

洞里
마을 동, 마을 리
마을.

洞口
마을 동, 구멍 구
동네 구멍(어귀).

洞長
마을 동, 길 장
한 동네의 우두머리.

洞內
마을 동, 안 내
동네 안.

東海
동쪽 동, 바다 해
동쪽에 있는 바다.

東西
동쪽 동, 서쪽 서
동쪽과 서쪽을 아울러
이르는 말.

南東
남쪽 남, 동쪽 동
남쪽과 동쪽을 아울러
이르는 말.

東方
동쪽 동, 방향 방
동쪽.
동쪽 지방.

登山
오를 등, 산 산
산에 오름.

登場
오를 등, 마당 장
새로운 인물, 제품 등이
처음으로 나옴.

登校
오를 등, 학교 교
학생이 학교에 감.

登記
기재할 등, 기록할 기
공식 문서에 올려 적음.
우편물 특수 취급의 하나.

來年
올 내, 해 년
올해의 다음 해.

外來
밖 외, 올 래
밖에서 옴.
다른 나라에서 옴.

氣力
기운 기, 힘 력
정신과 육체의 힘.

電力
전기 전, 힘 력
전류가 단위 시간에 하는 일.

外來語
밖 외, 올 래,
말씀 어
외국에서 들어온 말로
국어에서 널리 쓰이는 단어.

來韓
올 내, 한국 한
외국인이 한국에 옴.

重力
무거울 중, 힘 력
지구 위의 물체가
지구로부터 받는 힘.

全力
온전할 전, 힘 력
온전한(모든) 힘.

老人
늙을 노, 사람 인
(나이 들어) 늙은 사람.

村老
마을 촌, 늙을 로
시골에 사는 늙은이.

六月
여섯 육, 달 월
한 해 열두 달 가운데 여섯째 달.

年老
나이 연, 늙을 로
나이 들어 늙음.
나이가 많음.

六年
여섯 육, 해 년
여섯 해.

老

六

九萬里
아홉 구, 일만 만,
거리 리
'구만리'로, 아득하게 먼
거리를 비유.

洞里
마을 동, 마을 리
마을.

育林
기를 육, 수풀 림
나무를 심거나 씨를 뿌려
인공적으로 나무를 가꾸는 일.

山林
산 산, 수풀 림
산과 숲.
산에 있는 숲.

里長
마을 리(이), 어른 장
마을의 사무를 맡아 보는
사람.

邑里
고을 읍, 마을 리
읍과 촌락을 아울러
이르는 말.

農林
농사 농, 수풀 림
농업과 임업을 아울러 이르는 말.

自立
스스로 자, 설 립
(남의 힘을 빌리지 않고)
스스로 섬.

道立
행정구역의 도,
설 립
도(道)의 예산으로 세우고
관리함.

萬物
많을 만, 물건 물
세상에 있는 많은(모든) 것.

數萬
두어 수, 일만 만
만의 여러 배가 되는 수.

立

立場
설 입, 상황 장
서 있는(당면하고 있는)
상황.

市立
시내 시, 설 립
시(市)의 예산으로 세우고
관리함.

萬事
많을 만, 일 사
여러 가지 많은(온갖) 일.

五萬
다섯 오, 많을 만
매우 종류가 많은 여러
가지를 이르는 말.

萬

제1장

每年
매양 매, 해 년
한 해 한 해.
해마다.

每事
매양 매, 일 사
하나하나의 모든 일.

方面
방향 방, 향할 면
어떤 장소, 지역이 있는
방향.
어떤 분야.

直面
곧을 직, 얼굴 면
어떠한 일, 사물을 직접
당하거나 접함.

每

每月
매양 매, 달 월
매달.

每日
매양 매, 날 일
날마다.

場面
상황 장, 얼굴 면
어떤 장소에서 겉으로
드러난 면이나 벌어진 광경.

內面
안 내, 향할 면
물건의 안쪽.
사람의 속마음.

面

有名
있을 유, 이름날 명
이름이 널리 알려져 있음.

姓名
성씨 성, 이름 명
성과 이름.

命中
목표물 명, 가운데 중
화살, 총알 등이 겨냥한 곳에
바로 맞음.

生命
살 생, 목숨 명
목숨.

名

命

名山
이름날 명, 산 산
이름난 산.

名所
이름날 명, 장소 소
훌륭하고 널리 알려진 곳.

王命
임금 왕, 명령할 명
임금의 명령.

人命
사람 인, 목숨 명
사람의 목숨.

老母 늙을 노, 어머니 모 늙은 어머니.	**子母** 아들 자, 어머니 모 아들과 어머니.
父母 아버지 부, 어머니 모 아버지와 어머니.	**母校** 어머니 모, 학교 교 자기가 다니거나 졸업한 학교.

母

植木 심을 식, 나무 목 나무를 심음.	**木手** 나무 목, 재주 있는 사람 수 나무로 가구 따위를 만드는 일을 직업으로 하는 사람.
木工 나무 목, 장인 공 나무를 다루어서 물건을 만드는 일. 목수.	**草木** 풀 초, 나무 목 풀과 나무.

木

問安 물을 문, 편안할 안 웃어른께 안부를 여쭘.	**問答** 물을 문, 대답할 답 물음과 대답. 서로 묻고 대답함.
不問 아닐 불, 물을 문 묻지 아니함.	**學問** 배울 학, 물을 문 어떤 분야를 체계적으로 배워서 익힘.

問

文物 글월 문, 물건 물 문화에 관한 모든 것을 통틀어 이르는 말.	**文學** 글월 문, 배울 학 사상이나 감정을 언어로 표현한 예술.
文語 글월 문, 말씀 어 일상적인 대화가 아닌, 주로 글에서 쓰는 말.	**語文** 말씀 어, 글월 문 말과 글을 아울러 이르는 말.

文

同門 같을 동, 문 문 같은 학교나 같은 스승에게 배운 사람.	**正門** 바를 정, 문 문 건물의 정면에 있는 주가 되는 출입문.
大門 큰 대, 문 문 큰 문. 집의 정문.	**門前** 문 문, 앞 전 문의 앞쪽.

門

植物 심을 식, 물건 물 온갖 나무와 풀의 총칭.	**動物** 움직일 동, 물건 물 '움직이는 물건'으로, 생물계의 두 갈래 가운데 하나.
事物 일 사, 물건 물 일과 물건을 아울러 이르는 말.	**萬物** 많을 만, 물건 물 세상에 있는 많은(모든) 것.

物

住民
살 주, 백성 민
(일정한 지역에) 살고 있는
사람.

民心
백성 민, 마음 심
백성의 마음.

民

國民
나라 국, 백성 민
국가를 구성하는 사람. 또는
그 나라의 국적을 가진 사람.

民間
백성 민, 사이 간
일반 백성들 사이.
관청이나 정부 기관에
속하지 않음.

方面
방향 방, 향할 면
어떤 장소, 지역이 있는
방향.
어떤 분야.

地方
땅 지, 방향 방
어느 방면의 땅.
서울 이외의 지역.

方

百方
많을 백, 방법 방
여러 가지 방법.
온갖 수단과 방법.

方便
방법 방, 편할 편
경우에 따라 편하고 쉽게
이용하는 수단과 방법.

百姓
많을 백, 백성 성
일반 국민을 예스럽게
이르는 말.

百方
많을 백, 방법 방
여러 가지 방법.
온갖 수단과 방법.

百

數百
두어 수, 일백 백
백의 여러 배가 되는 수.

百事
많을 백, 일 사
여러 가지의 일.
많은(모든) 일.

白紙
흰 백, 종이 지
흰 종이.

白色
흰 백, 빛 색
흰색.

白

空白
빌 공, 깨끗할 백
빈 곳.

自白
자기 자, 아뢸 백
자신의 죄, 허물을 남들
앞에서 스스로 고백함.

工夫
만들 공, 사내 부
학문이나 기술을 배우고
익힘.

農夫
농사 농, 사내 부
농사를 직업으로 삼는 사람.

夫

兄夫
형 형, 남편 부
언니의 남편.

夫人
남편 부, 사람 인
'남편 있는 사람'으로, 남의
아내를 높여 이르는 말.

祖父
할아버지 조,
아버지 부
부모의 아버지.

父女
아버지 부, 여자 녀
아버지와 딸.

父

父母
아버지 부, 어머니 모
아버지와 어머니.

父子
아버지 부, 아들 자
아버지와 아들.

江北
강 강, 북쪽 북
강의 북쪽 지역.
한강 이북 지역.

北韓
북쪽 북, 한국 한
분단된 대한민국의 휴전선
북쪽 지역을 가리키는 말.

不足
아닐 부, 넉넉할 족
(필요한 양이나 기준에 미치지 못해) 넉넉하지 않음.

南北
남쪽 남, 북쪽 북
남쪽과 북쪽을 아울러
이르는 말.

北上
북쪽 북, 오를 상
북쪽을 향하여 올라감.

不安
아닐 불, 편안할 안
편안하지 않음.

北

每事
매양 매, 일 사
하나하나의 모든 일.

食事
먹을 식, 일 사
끼니로 음식을 먹음.

四寸
넉 사, 마디 촌
부모의 형제자매의
자녀끼리의 촌수.

四方
넉 사, 방향 방
(동, 서, 남, 북) 네 방위.

事物
일 사, 물건 물
일과 물건을 아울러 이르는
말.

農事
농사 농, 일 사
곡식, 채소 등을 심어 기르고
거두는 일.

四面
넉 사, 얼굴 면
네 방면.

四十
넉 사, 열 십
십의 네 배가 되는 수.

事

四

算數
셈 산, 셀 수
계산하는 방법.
수의 기초를 가르치던
학과목.

電算
전기 전, 셈 산
전자 회로, 컴퓨터를
이용하여 계산하거나
정보를 처리하는 일.

登山
오를 등, 산 산
산에 오름.

山林
산 산, 수풀 림
산과 숲.
산에 있는 숲.

算出
셈 산, 날 출
셈하여 냄.

心算
마음 심, 셈 산
마음속으로 하는 궁리나
계획.

活火山
살 활, 불 화, 산 산
지금도 화산 활동을
계속하고 있는 화산.

江山
강 강, 산 산
강과 산.
자연의 경치.

算

山

三

三南
석 삼, 남쪽 남
충청도, 전라도, 경상도 세 지방을 통틀어 이르는 말.

三面
석 삼, 얼굴 면
세 방면.

三重
석 삼, 거듭 중
세 겹.

三寸
석 삼, 마디 촌
아버지의 남자 형제를 이르는 말.

色

五色
다섯 오, 빛 색
다섯 가지 빛깔.
여러 가지 빛깔.

氣色
기운 기, 빛 색
얼굴빛.
눈치나 낌새.

生色
살 생, 빛 색
남 앞에 당당히 나서거나 자랑할 수 있는 체면.

色紙
빛 색, 종이 지
여러 가지 색깔로 물들인 종이.

西

東西
동쪽 동, 서쪽 서
동쪽과 서쪽을 아울러 이르는 말.

西山
서쪽 서, 산 산
서쪽에 있는 산.

西海
서쪽 서, 바다 해
서쪽에 있는 바다.

西大門
서쪽 서, 큰 대, 문 문
조선 시대에 건립한 한양 도성의 서쪽 정문.

上

世上
세상 세, 위 상
사람이 살고 있는 모든 사회를 통틀어 이르는 말.

祖上
할아버지 조, 위 상
할아버지 위로 대대의 어른.

上空
위 상, 하늘 공
높은 하늘.

上水道
위 상, 물 수, 길 도
(먹거나 쓸) 윗물이 오는 길(설비).

生

生命
살 생, 목숨 명
목숨.

生活
살 생, 살 활
일정한 환경에서 활동하며 살아감.

生日
날 생, 날 일
세상에 태어난 날.

學生
배울 학, 사람을 부를 때 쓰는 접사 생
배우는 사람.

夕

秋夕
가을 추, 저녁 석
우리나라 명절의 하나.

夕食
저녁 석, 먹을 식
저녁밥.

七夕
일곱 칠, 저녁 석
음력 칠월 초이렛날의 저녁.
견우와 직녀가 만난다는 날.

先祖
먼저 선, 조상 조
먼 윗대의 조상.

先後
먼저 선, 뒤 후
먼저와 나중을 아울러
이르는 말.

先生
먼저 선, 날 생
'먼저 난 사람'으로
학생을 가르치는 사람.

先手
먼저 선, 손 수
남이 하기 전에 앞질러 하는
행동.

先

百姓
많을 백, 백성 성
일반 국민을 예스럽게 이르는 말.

姓名
성씨 성, 이름 명
성과 이름.

世上
세상 세, 위 상
사람이 살고 있는 모든
사회를 통틀어 이르는 말.

出世
나갈 출, 세상 세
사회적으로 높은 지위에
오르거나 유명하게 됨.

世間
세상 세, 사이 간
세상 일반.

後世
뒤 후, 세상 세
다음에 오는 세상.
다음 세대의 사람들.

世

老少
늙을 노, 젊을 소
늙은이와 젊은이를 아울러
이르는 말.

少女
젊을 소, 여자 녀
(아직 완전히 성숙하지
아니한) 어린 여자아이.

少年
젊을 소, 해 년
(아직 완전히 성숙하지
아니한) 어린 사내아이.

少數
적을 소, 셀 수
적은 수.

少

所重
바 소, 귀중할 중
매우 귀중함.

住所
사는 곳 주, 장소 소
사는 장소.

場所
마당 장, 장소 소
어떤 일이 이루어지거나
일어나는 곳.

所有
바 소, 가질 유
가지고 있음.
또는 그 물건.

所

小數
작을 소, 셀 수
일(一)의 자리보다 작은
자리의 값을 가진 수.

小食
작을 소, 먹을 식
음식을 적게 먹음.

小人
작을 소, 사람 인
(나이가) 어린 사람. (키나
몸집 등이) 작은 사람.

小話
작을 소, 말씀 화
짤막한 이야기.

小

歌手

노래 가, 재주 있는 사람 수

노래 부르는 것이 직업인 사람.

木手

나무 목, 재주 있는 사람 수

나무로 가구 따위를 만드는 일을 직업으로 하는 사람.

手旗

손 수, 기 기

손에 쥐는 작은 깃발.

手話

손 수, 말씀 화

청각 장애가 있는 사람들이 손으로 의미를 전달하는 언어.

手

算數

셈 산, 셀 수

계산하는 방법. 수의 기초를 가르치던 학과목.

數萬

셀 수, 일만 만

만의 여러 배가 되는 수.

數百

셀 수, 일백 백

백의 여러 배가 되는 수.

數學

셀 수, 배울 학

수·양·공간을 연구하는 학문.

數

水軍

물 수, 군사 군

(조선 시대에) 바다를 지키던 군대.

水草

물 수, 풀 초

물속이나 물가에 자라는 풀.

食水

먹을 식, 물 수

먹는 물.

水面

물 수, 얼굴 면

물의 겉면.

水

市內

시내 시, 안 내

도시의 중심가. 시의 경계 안.

市場

시장 시, 마당 장

여러 가지 상품을 사고파는 일정한 장소.

市民

시내 시, 백성 민

시에 사는 사람. 국가 사회의 일원.

出市

날 출, 시장 시

상품이 시중에 나옴.

市

同時

같을 동, 때 시

같은 때나 시기.

時間

때 시, 사이 간

어떤 시각에서 어떤 시각까지의 사이.

校時

학교 교, 때 시

학교의 수업 시간을 세는 단위.

不時

아닐 불, 때 시

뜻하지 아니한 때.

時

植木

심을 식, 나무 목

나무를 심음.

植物

심을 식, 물건 물

온갖 나무와 풀의 총칭.

植

植木日

심을 식, 나무 목, 날 일

나무를 심고 아끼도록 국가에서 정한 날.

食

食口
먹을 식, 입 구
한집에 살며 끼니를
같이하는 사람.

食事
먹을 식, 일 사
끼니로 음식을 먹음.

後食
뒤 후, 먹을 식
식사 후에 먹는 간단한 음식.

草食
풀 초, 먹을 식
풀만 먹고 삶.

室

教室
가르칠 교, 방 실
학생들의 학습 활동이
이루어지는 방.

入室
들 입, 방 실
건물 안의 방, 교실 등에
들어감.

室內
집 실, 안 내
집이나 건물 등의 안.

室外
집 실, 밖 외
방이나 건물 등의 밖.

心

中心
가운데 중, 중심 심
사물의 한가운데.

安心
편안할 안, 마음 심
걱정 없이 마음을 편히 가짐.

民心
백성 민, 마음 심
백성의 마음.

心氣
마음 심, 기운 기
마음으로 느끼는 기분.

十

數十

두어 수, 열 십
십의 여러 배가 되는 수.

十萬
열 십, 일만 만
만의 열 배가 되는 수.

安

安心
편안할 안, 마음 심
걱정 없이 마음을 편히 가짐.

便安
편할 편, 편안할 안
편하고 걱정 없이 좋음.

安全
편안할 안, 온전할 전
편안하고 온전함.

問安
물을 문, 편안할 안
웃어른께 안부를 여쭘.

語

國語
나라 국, 말씀 어
한 나라의 국민이 쓰는 말.

語文
말씀 어, 글월 문
말과 글을 아울러 이르는 말.

外來語
밖 외, 올 래, 말씀 어
외국에서 들어온 말로 국어에서 널리 쓰이는 단어.

然

自然
스스로 자, 그러할 연
저절로 생겨난 산, 강, 동물 등의 존재.

天然
하늘 천, 그러할 연
사람의 힘을 가하지 아니한 상태.

全然
온전할 전, 그러할 연
'도무지', '완전히'의 뜻을 나타내는 말.

空然
빌 공, 그러할 연
아무 까닭이나 실속이 없음.

午

午前
낮 오, 앞 전
자정부터 낮 열두 시까지의 시간.

午後
낮 오, 뒤 후
낮 열두 시부터 밤 열두 시까지의 시간.

正午
바를 정, 낮 오
낮 열두 시.

下午
아래 하, 낮 오
오후.

五

五色
다섯 오, 빛 색
다섯 가지 빛깔.
여러 가지 빛깔.

五萬
다섯 오, 많을 만
매우 종류가 많은 여러 가지를 이르는 말.

五寸
다섯 오, 마디 촌
부모의 사촌과의 촌수. 또는 사촌의 자녀와의 촌수.

五月
다섯 오, 달 월
한 해 가운데 다섯째 달.

王

王命
임금 왕, 명령할 명
임금의 명령.
임금의 목숨.

王子
임금 왕, 아들 자
임금의 아들.
어린 사내아이를 귀엽게 이르는 말.

大王
큰 대, 임금 왕
훌륭하고 뛰어난 임금.

女王
여자 여, 임금 왕
여자 임금.

外

外來
밖 외, 올 래
밖에서 옴.
다른 나라에서 옴.

外出
밖 외, 나갈 출
밖으로 나감.
나들이함.

外家
밖 외, 집 가
'밖의 집'으로, 어머니의 친정.

海外
바다 해, 밖 외
바다 밖의 다른 나라.

右

左右
왼쪽 좌, 오른쪽 우
왼쪽과 오른쪽을 아울러 이르는 말.

右便
오른쪽 우, 편할 편
오른쪽.

每月
매양 매, 달 월
매달.

月色
달 월, 빛 색
달빛.

有力
있을 유, 힘 력
세력이나 재산이 있음.

所有
바 소, 가질 유
가지고 있음.
또는 그 물건.

日月
해 일, 달 월
해와 달.

正月
바를 정, 달 월
음력으로 한 해의 첫째 달.

有名
있을 유, 이름날 명
이름이 널리 알려져 있음.

教育
가르칠 교, 기를 육
가르쳐서 기름.

邑內
고을 읍, 안 내
고을(읍)의 구역 안.

邑民
고을 읍, 백성 민
고을(읍)에 사는 사람.

育林
기를 육, 수풀 림
나무를 심거나 씨를 뿌려 인공적으로 나무를 가꾸는 일.

邑長
고을 읍, 어른 장
지방 행정 구역인 읍의
우두머리.

邑村
고을 읍, 마을 촌
읍에 속한 마을.
읍과 촌.

二重
둘 이, 거듭 중
두 겹.

主人
주인 주, 사람 인
대상, 물건 등을 소유한
사람.

人事
사람 인, 일 사
마주 대하거나 헤어질 때
예를 표함.

二月
둘 이, 달 월
한 해 열두 달 가운데 둘째 달.

老人
늙을 노, 사람 인
(나이 들어) 늙은 사람.

人口
사람 인, 입 구
일정한 지역에 사는
사람의 수.

一同
한 일, 한가지 동
어떤 단체나 모임의 모든
사람.

同一
같을 동, 한 일
어떤 것과 비교하여 똑같음.

來日
올 내, 날 일
오늘의 바로 다음 날.

日記
날 일, 기록할 기
'날의 기록'으로, 날마다
겪은 일 등을 적는 개인의
기록.

一方
한 일, 방향 방
어느 한쪽. 또는 어느 한편.

一時
한 일, 때 시
한 때.
잠깐 동안.
같은 때.

休日
쉴 휴, 날 일
일요일, 공휴일처럼 일하지
않고 쉬는 날.

日氣
날 일, 기운 기
'날의 기운'으로,
그날그날의 날씨 상태.

一

日

入室
들 입, 방 실
건물 안의 방, 교실 등에
들어감.

記入
기록할 기, 들 입
수첩이나 문서 등에 적어
넣음.

孝子
효도 효, 아들 자
부모를 잘 섬기는 아들.

王子
임금 왕, 아들 자
임금의 아들.
어린 사내아이를 귀엽게
이르는 말.

入金
들 입, 돈 금
돈을 들여놓거나 넣음.

入住
들 입, 살 주
새집에 들어가 삶.

父子
아버지 부, 아들 자
아버지와 아들.

弟子
제자 제, 아들 자
스승으로부터 가르침을
받은 사람.

入

子

活字
살 활, 글자 자
활판이나 워드 프로세서
등으로 찍어 낸 글자.

文字
글월 문, 글자 자
인간의 언어를 적는 데
사용하는 기호.

自然
스스로 자, 그러할 연
저절로 생겨난 산, 강, 동물
등의 존재.

自立
스스로 자, 설 립
(남의 힘을 빌리지 않고)
스스로 섬.

正字
바를 정, 글자 자
서체가 바르고 또박또박 쓴
글자.

千字文
일천 천, 글자 자,
글월 문
중국 양나라 주흥사가 지은
한문 학습의 입문서.

自白
자기 자, 아뢸 백
자신의 죄, 허물을 남들
앞에서 스스로 고백함.

自重
스스로 자, 무거울 중
말이나 행동 등을
신중하게 함.

字

自

場

登場
오를 등, 마당 장
새로운 인물, 제품 등이
처음으로 나옴.

工場
만들 공, 마당 장
원료, 재료를 가공해 상품을
만들어 내는 곳.

場所
마당 장, 장소 소
어떤 일이 이루어지거나
일어나는 곳.

市場
시장 시, 마당 장
여러 가지 상품을 사고파는
일정한 장소.

長

里長
마을 이, 어른 장
마을의 사무를 맡아 보는
사람.

長男
어른 장, 사내 남
둘 이상의 아들 가운데 맏이.

家長
집 가, 어른 장
한 가정을 이끌어 나가는
사람.

校長
학교 교, 어른 장
학교의 우두머리.

全

安全
편안할 안, 온전할 전
편안하고 온전함.

全校
온전할 전, 학교 교
한 학교의 전체.

全面
온전할 전, 얼굴 면
모든 면. 또는 하나의 면
전체.

全心
온전할 전, 마음 심
온 마음.

前

午前
낮 오, 앞 전
밤 열두 시부터 낮 열두
시까지의 시간.

直前
곧을 직, 앞 전
어떤 일이 일어나기 바로 전.

門前
문 문, 앞 전
문의 앞쪽.

前方
앞 전, 방향 방
앞쪽.

電

電話
전기 전, 말씀 화
전화기를 이용하여 말을
주고받음.

電氣
전기 전, 기운 기
물체의 마찰에서 일어나는
에너지의 한 형태.

電算
전기 전, 셈 산
전자 회로, 컴퓨터를
이용하여 계산하거나
정보를 처리하는 일.

電力
전기 전, 힘 력
전류가 단위 시간에 하는 일.

正

正午
바를 정, 낮 오
낮 열두 시.

正答
바를 정, 대답할 답
바른(옳은) 답.

正直
바를 정, 곧을 직
(마음이) 바르고 곧음.

正門
바를 정, 문 문
건물의 정면에 있는 주가
되는 출입문.

兄弟
형 형, 아우 제
형과 아우.

弟子
제자 제, 아들 자
스승으로부터 가르침을
받은 사람.

先祖
먼저 선, 조상 조
먼 윗대의 조상.

祖上
할아버지 조, 위 상
할아버지 위로 대대의 어른.

子弟
아들 자, 아우 제
그 집안의 젊은이를 높여 이르는 말.

祖父
할아버지 조,
아버지 부
부모의 아버지.

祖母
할아버지 조,
어머니 모
부모의 어머니.

不足
아닐 부, 넉넉할 족
넉넉하지(충분하지) 아니함.

左右
왼쪽 좌, 오른쪽 우
왼쪽과 오른쪽을 아울러 이르는 말.

自足
스스로 자, 넉넉할 족
스스로 넉넉함을 느낌.
필요한 물건을 스스로 충족시킴.

左便
왼쪽 좌, 편할 편
왼쪽.

主人
주인 주, 사람 인
대상, 물건 등을 소유한
사람.

主動
주인 주, 움직일 동
어떤 일에 주장이 되어
움직임.

住民
살 주, 백성 민
(일정한 지역에) 살고 있는
사람.

住所
사는 곳 주, 장소 소
사는 장소.

自主
스스로 자, 주인 주
(남의 보호나 간섭을 받지 아니하고) 자기 일을 스스로 처리함.

安住
편안할 안, 살 주
현재의 상황이나 처지에
만족함.

入住
들 입, 살 주
새집에 들어가 삶.

所重
바 소, 귀중할 중
매우 귀중함.

九重
많을 구, 거듭 중
여러 겹.
임금이 있는 대궐 안.

自重
스스로 자, 무거울 중
말이나 행동 등을
신중하게 함.

重力
무거울 중, 힘 력
지구 위의 물체가
지구로부터 받는 힘.

中心
가운데 중, 중심 심
사물의 한가운데.

命中
목표물 명, 가운데 중
화살, 총알 등이 겨냥한 곳에
바로 맞음.

中間
가운데 중, 사이 간
두 사물, 공간, 시간 등의
가운데.

空中
하늘 공, 가운데 중
하늘과 땅 사이의 빈 곳.

地下
땅 지, 아래 하
땅속을 파고 만든 공간.

土地
흙 토, 땅 지
사람의 생활과 활동에
이용하는 땅.

天地
하늘 천, 땅 지
하늘과 땅.

地方
땅 지, 방향 방
어느 방면의 땅.
서울 이외의 지역.

白紙
흰 백, 종이 지
흰 종이.

便紙
편할 편, 종이 지
안부, 소식, 용무 등을 적어
보내는 글.

休紙
쉴 휴, 종이 지
못 쓰게 된 종이.

答紙
대답할 답, 종이 지
문제의 해답을 쓰는 종이.

正直
바를 정, 곧을 직
(마음이) 바르고 곧음.

直前
곧을 직, 앞 전
어떤 일이 일어나기 바로 전.

直面
곧을 직, 얼굴 면
어떠한 일, 사물을 직접
당하거나 접함.

直後
곧을 직, 뒤 후
어떤 일이 있고 난 바로 다음.

千金
많을 천, 금 금
많은 돈, 귀중한 것을
비유적으로 이르는 말.

千萬
일천 천, 일만 만
만의 천 배가 되는 수.

千秋
많을 천, 가을 추
긴 세월. 또는 먼 미래.

數千
셀 수, 일천 천
천의 여러 배가 되는 수.

天然
하늘 천, 그러할 연
사람의 힘을 가하지 아니한 상태.

天下
하늘 천, 아래 하
하늘 아래 온 세상.

山川
산 산, 내 천
산과 내를 함께 이르는 말.

天地
하늘 천, 땅 지
하늘과 땅.

天命
하늘 천, 목숨 명
타고난 수명. 하늘의 명령.

大川
큰 대, 내 천
큰 내. 충청남도 남서쪽에 있는 시.

青春
젊을 청, 봄 춘
스무 살 안팎의 젊은 나이를 이르는 말.

青色
푸를 청, 빛 색
밝고 선명한 푸른색.

花草
꽃 화, 풀 초
꽃이 피는 풀, 나무. 또는 모든 관상용 식물.

草家
풀 초, 집 가
짚, 갈대 등으로 지붕을 인 집.

青旗
푸를 청, 기 기
푸른 빛깔의 깃발.

青年
젊을 청, 해 년
신체적·정신적으로 성장한 시기의 사람.

草食
풀 초, 먹을 식
풀만 먹고 삶.

草地
풀 초, 땅 지
풀이 나 있는 땅.

農村
농사 농, 마을 촌
농사짓는 사람들이 주로 사는 마을.

江村
강 강, 마을 촌
강가에 있는 마을.

四寸
넉 사, 마디 촌
부모의 형제자매의 자녀끼리의 촌수.

三寸
석 삼, 마디 촌
아버지의 남자 형제를 이르는 말.

村長
마을 촌, 어른 장
한 마을의 우두머리.

村老
마을 촌, 늙을 로
시골에 사는 늙은이.

寸數
마디 촌, 셀 수
친족 사이의 멀고 가까운 정도를 나타내는 수.

秋夕
가을 추, 저녁 석
우리나라 명절의 하나.

千秋
많을 천, 가을 추
긴 세월. 또는 먼 미래.

春秋
봄 춘, 가을 추
봄과 가을.
어른의 나이를 높여 이르는
말.

青春
젊을 청, 봄 춘
스무 살 안팎의 젊은 나이를
이르는 말.

春秋
봄 춘, 가을 추
봄과 가을.
어른의 나이를 높여 이르는 말.

立春
설 입, 봄 춘
24절기의 하나. 일 년 중
봄이 시작된다는 날.

春川
봄 춘, 내 천
강원도 서쪽에 있는 시.

出土
날 출, 흙 토
땅속에 묻혀 있던 물건이
밖으로 나옴.

外出
밖 외, 나갈 출
밖으로 나감.
나들이함.

七夕
일곱 칠, 저녁 석
음력 칠월 초이렛날의 저녁.
견우와 직녀가 만난다는 날.

出世
날 출, 세상 세
사회적으로 높은 지위에
오르거나 유명하게 됨.

日出
해 일, 날 출
해가 뜸.

七月
일곱 칠, 달 월
한 해의 열두 달 가운데 일곱째 달.

出土
날 출, 흙 토
땅속에 묻혀 있던 물건이
밖으로 나옴.

土地
흙 토, 땅 지
사람이 생활에 이용하는 땅.

八十
여덟 팔, 열 십
십의 여덟 배가 되는 수.

國土
나라 국, 흙 토
나라의 땅. 한 나라의
통치권이 미치는 지역.

農土
농사 농, 흙 토
농사짓는 땅.

八寸
여덟 팔, 마디 촌
부모의 육촌의 자녀끼리의 촌수.

便安
편할 편, 편안할 안
편하고 걱정 없이 좋음.

便紙
편할 편, 종이 지
안부, 소식, 용무 등을 적어
보내는 글.

平安
평화 평, 편안할 안
걱정이나 탈이 없음. 또는
무사히 잘 있음.

不平
아닐 불, 평평할 평
못마땅한 것을 말이나
행동으로 드러냄.

不便
아닐 불, 편할 편
편하지 아니하고 괴로움.

便所
똥오줌 변, 장소 소
대소변을 보는 곳.

平生
평평할 평, 살 생
세상에 태어나서 죽을
때까지의 동안.

平地
평평할 평, 땅 지
바닥이 평평한 땅.

地下
땅 지, 아래 하
땅속을 파고 만든 공간.

天下
하늘 천, 아래 하
하늘 아래 온 세상.

立夏
설 입, 여름 하
24절기의 하나. 일 년 중 여름이 시작된다는 날.

下山
내릴 하, 산 산
산에서 내려감.

下午
아래 하, 낮 오
오후.

長夏
길 장, 여름 하
해가 긴 여름.
음력 6월을 달리 이르는 말.

學校
배울 학, 학교 교
학생에게 교육을 실시하는
기관.

休學
쉴 휴, 학교 학
일정 기간 동안 학교를
쉬는 일.

漢字
한나라 한, 글자 자
중국에서 만들어져서 사용되는 표의 문자.

數學
셀 수, 배울 학
수·양·공간을 연구하는
학문.

入學
들 입, 학교 학
(학생이 되어 공부하기 위해)
학교에 들어감.

漢江
한나라 한, 강 강
우리나라 중부를 흐르는 강.

北韓
북쪽 북, 한국 한
분단된 대한민국의 휴전선 북쪽 지역을 가리키는 말.

韓食
한국 한, 먹을 식
우리나라 고유의 음식이나 식사.

南韓
남쪽 남, 한국 한
분단된 대한민국의 휴전선 남쪽 지역을 가리키는 말.

來韓
올 내, 한국 한
외국인이 한국에 옴.

韓

南海
남쪽 남, 바다 해
남쪽에 있는 바다.

海上
바다 해, 위 상
바다의 위.

海外
바다 해, 밖 외
바다 밖의 다른 나라.

海軍
바다 해, 군사 군
바다를 지키는 군대.

海

兄弟
형 형, 아우 제
형과 아우.

兄夫
형 형, 남편 부
형(언니)의 남편.

兄

花草
꽃 화, 풀 초
꽃이 피는 풀, 나무. 또는 모든 관상용 식물.

國花
나라 국, 꽃 화
한 나라를 상징하는 꽃.

生花
살 생, 꽃 화
살아 있는 꽃.

百花
많을 백, 꽃 화
온갖 꽃.

花

電話
전기 전, 말씀 화
전화기를 이용하여 말을 주고받음.

手話
손 수, 말씀 화
청각 장애가 있는 사람들이 손으로 의미를 전달하는 언어.

民話
백성 민, 이야기 화
민간에 전해 내려오는 옛날이야기.

小話
작을 소, 이야기 화
짤막한 이야기.

話

火力
불 화, 힘 력
불의 힘.

火食
불 화, 먹을 식
불에 익힌 음식을 먹음. 또는 그 음식.

活火山
살 활, 불 화, 산 산
지금도 화산 활동을 계속하고 있는 화산.

火

活

活動
살 활, 움직일 동
몸을 움직여 행동함.
어떤 일의 성과를 거두기
위해 힘씀.

生活
살 생, 살 활
사람이나 동물이 일정한
환경에서 활동하며 살아감.

活氣
살 활, 기운 기
활동력이 있거나 활발한
기운.

活力
살 활, 힘 력
살아 움직이는 힘.

孝

孝道
효도 효, 도리 도
부모를 잘 섬기는 도리.

孝子
효도 효, 아들 자
부모를 잘 섬기는 아들.

孝女
효도 효, 여자 녀
부모를 잘 섬기는 딸.

不孝
아닐 불, 효도 효
부모를 잘 섬기지 아니하여
자식 된 도리를 하지 못함.

後

午後
낮 오, 뒤 후
낮 열두 시부터 밤 열두
시까지의 시간.

先後
먼저 선, 뒤 후
먼저와 나중을 아울러
이르는 말.

後食
뒤 후, 먹을 식
식사 후에 먹는 간단한 음식.

前後
앞 전, 뒤 후
앞과 뒤를 아울러 이르는 말.

休

休學
쉴 휴, 학교 학
일정 기간 동안 학교를 쉬는
일.

休紙
쉴 휴, 종이 지
못 쓰게 된 종이.

休日
쉴 휴, 날 일
일요일, 공휴일처럼 일하지
않고 쉬는 날.

休校
쉴 휴, 학교 교
학교가 한동안 쉼.

1. 다음 밑줄 친 한자어의 음을 쓰세요.

01. 우리 집 마당에는 <u>花草</u>들이 어우러져 있습니다.

02. 직장에서는 <u>每事</u>에 언행을 조심해야 합니다.

03. 탐관오리가 <u>百姓</u>들을 못살게 군다.

04. <u>算數</u>는 수학 능력 중 기본입니다.

05. 우리 동아리는 <u>每月</u> 첫째 주에 모임을 갖습니다.

2. 다음 뜻에 맞는 한자어를 〈보기〉에서 찾아 그 번호를 쓰세요.

> **보기**
> ① 靑旗   ② 靑春   ③ 春秋   ④ 千秋   ⑤ 老人   ⑥ 老少

06. 스무 살 안팎의 젊은 나이를 이르는 말.

07. 어른의 나이를 높여 이르는 말.

3. 다음 밑줄 친 한자어를 〈보기〉에서 찾아 그 번호를 쓰세요.

> **보기**
> ① 白紙   ② 重力   ③ 所重   ④ 間食   ⑤ 時間   ⑥ 休紙

08. 민주는 나의 가장 <u>소중</u>한 친구입니다.

09. 청소 <u>시간</u>에는 떠들지 말고 청소를 해야지.

10. 거리에 아무렇게나 <u>휴지</u>를 버리면 안 됩니다.

정답

01. 화초 02. 매사 03. 백성 04. 산수 05. 매월 06. ② 07. ③ 08. ③ 09. ⑤ 10. ⑥

제 2 장 반대자/상대자

 선생님의 한 말씀

반대자/상대자는 뜻이 서로 반대인 한자입니다.
시험에서는 한자를 제시하고 <보기>에서 그와 반대되는 한자를 고르는 방식으로 출제됩니다.

 시험에서는 이렇게

※ 다음 漢字의 상대(반대)되는 漢字를 <보기>에서 골라 그 번호를 쓰세요.

┌─ 보기 ─────────────────────────────────────┐
① 物   ② 動   ③ 冬   ④ 道
└──┘

65. ☐ ↔ 心

66. 夏 ↔ ☐

 ⟷

강 강   산 산

 ⟷ 學

가르칠 교   배울 학

 ⟷ 北

남쪽 남   북쪽 북

男 ⟷ 女

사내 남   여자 녀

內 ⟷ 外

안 내   밖 외

大 ⟷ 小

큰 대   작을 소

東 동쪽 동 ⟷ 西 서쪽 서

老 늙을 로 ⟷ 少 젊을 소

物 물건 물 ⟷ 心 마음 심

問 물을 문 ⟷ 答 대답할 답

父 아버지 부 ⟷ 母 어머니 모

山 산 산 ⟷ 川 내 천

上 위 상 ⟷ 下 아래 하

先 먼저 선 ⟷ 後 뒤 후

水 물 수 ⟷ 火 불 화

手 손 수 ⟷ 足 발 족

王 임금 왕 ⟷ 民 백성 민

日 해 일 ⟷ 月 달 월

子 ⟷ 女
아들 자　　여자 녀

前 ⟷ 後
앞 전　　뒤 후

左 ⟷ 右
왼쪽 좌　　오른쪽 우

天 ⟷ 地
하늘 천　　땅 지

春 ⟷ 秋
봄 춘　　가을 추

出 ⟷ 入
날 출　　들 입

土 ⟷ 天
흙 토　　하늘 천

夏 ⟷ 冬
여름 하　　겨울 동

海 ⟷ 空
바다 해　　하늘 공

兄 ⟷ 弟
형 형　　아우 제

* 01~18

다음 한자의 상대(반대)되는 한자를 〈보기〉에서 골라 그 번호를 쓰세요.

• 보기 •
① 自 ② 後 ③ 男 ④ 秋 ⑤ 母 ⑥ 弟 ⑦ 長 ⑧ 火

1. 兄 ↔ ☐   4. 春 ↔ ☐

2. 水 ↔ ☐   5. 前 ↔ ☐

3. 女 ↔ ☐   6. 父 ↔ ☐

• 보기 •
① 天 ② 有 ③ 重 ④ 出 ⑤ 冬 ⑥ 足 ⑦ 心 ⑧ 右

7. 物 ↔ ☐   10. 左 ↔ ☐

8. 手 ↔ ☐   11. 地 ↔ ☐

9. 入 ↔ ☐   12. 夏 ↔ ☐

• 보기 •
① 學 ② 王 ③ 小 ④ 少 ⑤ 答 ⑥ 外 ⑦ 西 ⑧ 南

13. 北 ↔ ☐   16. 東 ↔ ☐

14. 問 ↔ ☐   17. 敎 ↔ ☐

15. 內 ↔ ☐   18. 老 ↔ ☐

✏️ 정답

01. ⑥ 02. ⑧ 03. ③ 04. ④ 05. ② 06. ⑤ 07. ⑦ 08. ⑥ 09. ④ 10. ⑧ 11. ① 12. ⑤ 13. ⑧ 14. ⑤
15. ⑥ 16. ⑦ 17. ① 18. ④

제 3 편

기출문제

제102회 전국한자능력검정시험 7급 문제지

[문제 1-32] 다음 밑줄 친 漢字語의 音(음: 소리)을 쓰세요.

<보기>
漢字 → 한자

[1] 이것은 방부제를 전혀 쓰지 않은 <u>天然</u> 식품입니다.

[2] 이 방법은 임시 <u>方便</u>에 불과합니다.

[3] 그녀는 화살을 정확히 표적에 <u>命中</u>시켰 습니다.

[4] 그는 남녀<u>老少</u>를 막론하고 좋아하는 가수입니다.

[5] 폭우로 마을의 <u>農地</u>가 전부 물에 잠겼습 니다.

[6] 경찰이 <u>住民</u>의 신고를 받고 긴급 출동하 였습니다.

[7] 이 기계는 부품이 <u>數百</u> 가지가 넘습니다.

[8] <u>邑內</u>로 가는 길에 이 편지 좀 부쳐 주세요.

[9] 정환이는 모든 노래를 <u>軍歌</u>처럼 부릅니다.

[10] 부모님께서 작은 아파트를 <u>所有</u>하고 계 십니다.

[11] 여기에 이름과 생년월일을 <u>記入</u>해 주세요.

[12] 춘부장께서는 올해 <u>春秋</u>가 어떻게 되시 는지요?

[13] 이 영화는 관객 수가 <u>千萬</u> 명을 넘었습 니다.

[14] 그 영화에는 많은 배우들이 <u>登場</u>합니다.

[15] 너무 경솔하게 행동하지 말고 <u>自重</u>하세요.

[16] 붕괴 위험으로 다리의 출입을 <u>全面</u> 통 제했습니다.

[17] 연필 하나 줬다고 그렇게 <u>生色</u>을 내냐?

[18] 우리 아이는 <u>來年</u>이면 중학생이 돼요.

[19] 우리 모둠은 <u>七夕</u>의 풍속에 대해 조사 합니다.

[20] <u>立夏</u>가 지나니 초여름으로 들어선 것 같습니다.

[21] 부모님의 마음이 <u>平安</u>하시길 빌었습니다.

[22] 안 쓰는 플러그를 뽑아 <u>電力</u> 낭비를 줄입시다.

[23] 의사는 약을 <u>食前</u>에 먹으라고 하였습니다.

[24] <u>工事</u> 관계로 보행에 불편을 드려 죄송합니다.

[25] 이 식당은 <u>海物</u>칼국수가 주요 메뉴입니다.

[26] 민규는 홀어머니를 모시고 사는 <u>長男</u>입니다.

[27] 일어나니 <u>正午</u>에 가까운 시간입니다.

[28] 몇 시에 <u>下山</u>할 작정입니까?

[29] 언니와 <u>兄夫</u>는 미국으로 유학을 떠났습니다.

[30] 우리 반에는 나와 <u>同名</u>인 친구가 있습니다.

[31] 나는 졸업 후 십 년 만에 <u>母校</u>를 방문했습니다.

[32] <u>不時</u>에 찾아뵙게 되어서 대단히 죄송합니다.

[문제 33-52] 다음 漢字의 訓(훈:뜻)과 音(음:소리)를 쓰세요.

<보기>
字 → 글자 자

[33] 弟　　　　[34] 旗　　　　[35] 寸

[36] 手　　　　[37] 主　　　　[38] 語

[39] 洞　　　　[40] 王　　　　[41] 里

[42] 右　　　　[43] 冬　　　　[44] 父

[45] 育　　　　[46] 外　　　　[47] 村

[48] 足　　　　[49] 市　　　　[50] 活

[51] 孝　　　　[52] 左

[문제 53-54] 다음 밑줄 친 漢字語를 <보기>에서 골라 그 번호를 쓰세요.

<보기>
① 白人　　② 休學
③ 花草　　④ 紙上

[53] 화단 위에 <u>화초</u>가 꽃을 가득 피웠습니다.

[54] 형은 가정 형편이 어려워 <u>휴학</u> 중입니다.

[문제 55-64] 다음 訓(훈:뜻)과 音(음:소리)에 맞는 漢字를 〈보기〉에서 골라 그 번호를 쓰세요.

<보기>
① 植　② 南　③ 祖　④ 林
⑤ 空　⑥ 直　⑦ 間　⑧ 北
⑨ 川　⑩ 室

[55] 내 천　　　　[56] 북녘 북

[57] 곧을 직　　　[58] 할아비 조

[59] 사이 간　　　[60] 빌 공

[61] 남녘 남　　　[62] 집 실

[63] 수풀 림　　　[64] 심을 식

[문제 65-66] 다음 漢字의 상대(또는 반대)되는 漢字를 〈보기〉에서 골라 그 번호를 쓰세요.

<보기>
① 先　② 六　③ 車　④ 東

[65] (　　　) ↔ 西

[66] (　　　) ↔ 後

[문제 67-68] 다음 뜻에 맞는 漢字語를 〈보기〉에서 찾아 그 번호를 쓰세요.

<보기>
① 食口　② 心氣
③ 水道　④ 算出

[67] 마음으로 느끼는 기분.

[68] 계산하여 냄.

[문제 69-70] 다음 漢字의 진하게 표시한 획은 몇 번째 쓰는지 〈보기〉에서 찾아 그 번호를 쓰세요.

<보기>
① 첫 번째　　② 두 번째
③ 세 번째　　④ 네 번째
⑤ 다섯 번째　⑥ 여섯 번째
⑦ 일곱 번째

[69]

[70]

♣ 수고하셨습니다.

제103회 전국한자능력검정시험 7급 문제지

[문제 1-32] 다음 밑줄 친 漢字語의 音(음: 소리)을 쓰세요.

[1] 나무꾼은 가난해도 <u>正直</u>하고 바르게 살려고 노력했습니다.

[2] 영희는 좀처럼 화내거나 <u>不平</u>하는 일이 없습니다.

[3] 모처럼 모인 <u>食口</u>들로 집 안이 떠들썩합니다.

[4] 녹색은 눈을 <u>便安</u>하게 해 주는 색입니다.

[5] 옆집 할머니는 늘 <u>氣力</u>이 왕성해 보입니다.

[6] 요즘 <u>農村</u>에는 가을걷이가 한창입니다.

[7] 스코틀랜드에서는 <u>男子</u>가 치마를 입기도 합니다.

[8] 저분은 <u>寸數</u>로 치면 제 팔촌 형님이 됩니다.

[9] 속초는 관광의 <u>名所</u>로도 널리 알려진 곳입니다.

[10] 막내가 나를 보자마자 <u>空然</u>히 심술을 부렸습니다.

[11] 국경일에는 <u>國旗</u>를 게양합니다.

[12] 고귀한 <u>生命</u>은 무엇과도 바꿀 수 없습니다.

[13] 내가 영수를 만나기로 한 날은 <u>來日</u>입니다.

[14] 어제 시내에서 <u>三重</u> 추돌 사고가 났습니다.

[15] 우리 마을에서는 <u>里長</u>님이 제일 바쁩니다.

[16] 빈칸에 이름과 연락처를 <u>記入</u>하도록 했습니다.

[17] 신입 사원들은 컴퓨터 <u>教育</u>을 받았습니다.

[18] 내 조카는 언니보다 <u>兄夫</u>를 더 많이 닮았습니다.

[19] 가을은 <u>登山</u>을 하기에 참 좋은 계절입니다.

[20] 우리 민족은 같은 <u>祖上</u>을 가진 단일 민족입니다.

[21] 일을 하려면 <u>先後</u>를 잘 따져서 해야 합니다.

[22] 이 <u>花草</u>는 물을 자주 주지 않아도 잘 자랍니다.

[23] <u>千金</u>을 준다 해도 건강과는 바꿀 수 없습니다.

[24] 장군은 <u>手下</u>의 병졸들을 이끌고 전쟁터로 향했습니다.

[25] 동네 이발소는 <u>每月</u> 첫째 주 화요일에 쉽니다.

[26] 몸을 건강하게 관리하는 것도 부모님께 <u>孝道</u>하는 것입니다.

[27] 덕이 많은 임금은 하늘을 공경하고 <u>百姓</u>을 사랑했습니다.

[28] 소방차가 사이렌을 울리며 화재 현장으로 <u>出動</u>합니다.

[29] 이 나무를 가을에 <u>植木</u>하면 내년 봄에 꽃을 볼 수 있습니다.

[30] 대전 <u>方面</u>으로 가려면 왼쪽 길로 가야 합니다.

[31] 가게 점원이 허리를 굽혀 정중하게 <u>人事</u>를 했습니다.

[32] 할아버지께서는 <u>白色</u> 한복을 즐겨 입으십니다.

[문제 33-34] 다음 밑줄 친 漢字語를 〈보기〉에서 찾아 그 번호를 쓰세요.

```
〈보기〉
①  大家      ②  同門
③  休學      ④  心地
```

[33] 아버지와 삼촌은 같은 고등학교를 나온 동문입니다.

[34] 철수는 심지가 굳고 용감한 아이입니다.

[문제 35-54] 다음 漢字의 訓(훈:뜻)과 音(음:소리)을 쓰세요.

```
〈보기〉
字 → 글자 자
```

[35] 世   [36] 立   [37] 時

[38] 右   [39] 間   [40] 邑

[41] 車   [42] 川   [43] 海

[44] 場   [45] 夏   [46] 夕

[47] 工   [48] 住   [49] 市

[50] 江   [51] 內   [52] 左

[53] 洞   [54] 午

[문제 55-64] 다음 訓(훈:뜻)과 音(음:소리)에 맞는 漢字를 〈보기〉에서 골라 그 번호를 쓰세요.

〈보기〉
① 室   ② 答   ③ 有   ④ 算
⑤ 中   ⑥ 六   ⑦ 靑   ⑧ 前
⑨ 足   ⑩ 林

[55] 있을 유   [56] 셈 산

[57] 수풀 림   [58] 푸를 청

[59] 집 실   [60] 앞 전

[61] 대답 답   [62] 발 족

[63] 여섯 륙   [64] 가운데 중

[문제 65-66] 다음 漢字의 상대(또는 반대되는) 漢字를 〈보기〉에서 골라 그 번호를 쓰세요.

〈보기〉
① 少   ② 春   ③ 主   ④ 歌

[65] (   ) ↔ 秋

[66] 老 ↔ (   )

[문제 67-68] 다음 뜻에 맞는 漢字語를 〈보기〉에서 찾아 그 번호를 쓰세요.

〈보기〉
① 電話   ② 地物
③ 自活   ④ 冬天

[67] 겨울 하늘.

[68] 스스로의 힘으로 살아감.

[문제 69-70] 다음 漢字의 진하게 표시한 획은 몇 번째 쓰는지 〈보기〉에서 찾아 그 번호를 쓰세요.

〈보기〉
① 첫 번째   ② 두 번째
③ 세 번째   ④ 네 번째
⑤ 다섯 번째   ⑥ 여섯 번째
⑦ 일곱 번째

[69] 弟

[70] 火

♣ 수고하셨습니다.

제104회 전국한자능력검정시험 7급 문제지

[문제 1-32] 다음 밑줄 친 漢字語의 音(음:소리)을 쓰세요.

```
〈보기〉
漢字 → 한자
```

[1] 요즘 청소년들이 가장 선호하는 직업은 <u>歌手</u>입니다.

[2] <u>間食</u>을 많이 먹는 문화는 건강에 안 좋은 영향을 끼칩니다.

[3] 지난 범죄 사건으로 인해 치안에 <u>空白</u>이 생겼습니다.

[4] 다른 나라의 <u>國土</u>를 침범하는 일은 결코 용납할 수 없습니다.

[5] 용의자는 경찰을 만나자 당황한 <u>氣色</u>을 감추지 못했습니다.

[6] <u>來年</u>에는 중학교에 입학해서 새 친구들을 만나게 됩니다.

[7] 학생회장 선거에서 후보자의 공약에 관한 <u>問答</u>이 오갔습니다.

[8] <u>立冬</u>이 되니 정말 겨울이 온다는 느낌이 들었습니다.

[9] 주말 <u>登山</u>을 통해 평일에 쌓였던 스트레스를 풀 수 있습니다.

[10] 환경오염이 심해지면서 <u>農林</u> 산업이 각광을 받고 있습니다.

[11] 봄은 <u>萬物</u>이 소생하는 계절이라고들 말합니다.

[12] 내 친구는 <u>每事</u>에 빈틈이 없이 행동하는 장점이 있습니다.

[13] 성실함은 제가 꿈꾸는 목표를 이루는 <u>動力</u>입니다.

[14] 마지막 화살이 <u>命中</u>하면서 금메달을 목에 걸 수 있었습니다.

[15] <u>千字文</u>을 떼고 나니 자신감이 한층 올라간 느낌입니다.

[16] 춘천 <u>方面</u>으로 가는 기차가 이제 곧 출발합니다.

[17] 태풍이 <u>北上</u>하여 우리나라가 영향권에 접어들 전망입니다.

[18] 저는 <u>四寸</u>들과 매우 가깝게 지내는 편입니다.

[19] 이 식물의 <u>生長</u> 기간은 다른 식물에 비해 긴 편입니다.

[20] 견우와 직녀가 만나는 날을 <u>七夕</u>이라고 부릅니다.

[21] 부모를 잃었지만 씩씩하게 살아가는 <u>少女</u>를 보며 저 자신을 반성하게 되었습니다.

[22] 언제부터 <u>植木日</u>이 공휴일에서 제외되었나요?

[23] 냉장고에 보관했다고 해서 무조건 <u>安心</u>하고 먹어서는 안 됩니다.

[24] 동해 관광을 통해 <u>天然</u>의 아름다움을 감상할 수 있었습니다.

[25] 공부에는 <u>王道</u>가 없다는 말처럼, 요행을 바라지 않는 태도가 중요합니다.

[26] 해가 뜨는 것만큼이나 멋진 모습이 <u>月出</u>임을 사람들은 잘 모르는 것 같다.

[27] <u>正門</u>에 사람들이 몰려 매우 혼잡한 상황이라고 들었습니다.

[28] 수면 <u>不足</u>은 현대인들이 공통적으로 느끼는 어려움입니다.

[29] 미래의 <u>主人</u>은 어린이입니다.

[30] 정치인들은 <u>住民</u>들의 요구를 반영하여 정책을 수립해야 합니다.

[31] 우리 학교 <u>春秋</u>복은 참 예쁩니다.

[32] 저희 어머니는 <u>花草</u> 키우는 것을 좋아하십니다.

[문제 33-34] 다음 밑줄 친 漢字語를 〈보기〉에서 찾아 그 번호를 쓰세요.

〈보기〉
① 學校   ② 東西
③ 算數   ④ 地下
---

[33] 이 지역에는 여러 개의 <u>학교</u>가 밀집해 있습니다.

[34] 우리 동네에는 <u>동서</u>로 큰 길이 나 있습니다.

[문제 35-54] 다음 漢字의 訓(훈:뜻)과 音(음:소리)을 쓰세요.

〈보기〉
字 → 글자 자
---

[35] 午   [36] 姓   [37] 世

[38] 名   [39] 同   [40] 家

[41] 市   [42] 里   [43] 重

[44] 南   [45] 先   [46] 江

[47] 大   [48] 夫   [49] 軍

[50] 夏   [51] 邑   [52] 工

[53] 老   [54] 育

[문제 55-64] 다음 訓(훈:뜻)과 音(음:소리)에 맞는 漢字를 〈보기〉에서 찾아 그 번호를 쓰세요.

〈보기〉
① 室   ② 口   ③ 金   ④ 話
⑤ 所   ⑥ 車   ⑦ 有   ⑧ 自
⑨ 川   ⑩ 父

[55] 아비 부   [56] 바 소

[57] 수레 거 | 수레 차

[58] 집 실   [59] 내 천

[60] 스스로 자   [61] 입 구

[62] 있을 유   [63] 말씀 화

[64] 쇠 금 | 성 김

[문제 65-66] 다음 漢字의 상대(또는 반대되는) 漢字를 〈보기〉에서 골라 그 번호를 쓰세요.

〈보기〉
① 內   ② 全   ③ 後   ④ 紙

[65] (   ) ↔ 外

[66] 前 ↔ (   )

[문제 67-68] 다음 뜻에 맞는 漢字語를 〈보기〉에서 찾아 그 번호를 쓰세요.

〈보기〉
① 左右   ② 水火
③ 兄弟   ④ 母子

[67] 왼쪽과 오른쪽.

[68] 어머니와 아들.

[문제 69-70] 다음 漢字의 진하게 표시한 획은 몇 번째 쓰는지 〈보기〉에서 찾아 그 번호를 쓰세요.

〈보기〉
① 첫 번째   ② 두 번째
③ 세 번째   ④ 네 번째
⑤ 다섯 번째   ⑥ 여섯 번째
⑦ 일곱 번째   ⑧ 여덟 번째
⑨ 아홉 번째   ⑩ 열 번째
⑪ 열한 번째   ⑫ 열두 번째
⑬ 열세 번째

[69] 電

[70] 直

♣ 수고하셨습니다.

제105회 전국한자능력검정시험 7급 문제지

[문제 1-32] 다음 밑줄 친 漢字語의 音(음: 소리)을 쓰세요.

〈보기〉
漢字 → 한자

[1] 고즈넉한 下午 두 시 무렵 사냥꾼은 낮잠에 빠졌습니다.

[2] 백제의 군사들은 성을 三重으로 포위하였습니다.

[3] 우리나라의 電子 제품을 수입하려는 나라가 점점 늘고 있습니다.

[4] 몸이 어디 不便한지 영희의 안색이 창백합니다.

[5] 할머니 春秋는 벌써 아흔을 바라봅니다.

[6] 계산기를 자주 사용하면 算數 실력이 잘 늘지 않습니다.

[7] 자고로 임금은 하늘을 공경하고 百姓을 사랑해야 하는 법입니다.

[8] 우리 마을은 칠월 七夕에 강냉이떡과 밀개떡을 즐겨 먹습니다.

[9] 나무꾼 부부는 홀로 된 老母를 지극정성으로 모셨습니다.

[10] 집 안 청소는 아무리 잘해도 生色이 잘 나지 않습니다.

[11] 농업기술센터에서 초보 농군들에게 농기계 다루는 법을 教育해 줍니다.

[12] 주말에 이동하려면 事前에 차편을 알아보는 것이 좋겠습니다.

[13] 새로 발굴을 시작한 무덤에서 금동미륵상이 出土되었습니다.

[14] 아주머니는 氣力이 부치는지 계단을 오르며 연신 숨을 헉헉거리셨습니다.

[15] 삼촌은 군에 입대하기 위해 다니던 대학을 잠시 休學했습니다.

[16] 선생님은 白紙에 붓글씨로 내 이름을 써 주셨습니다.

[17] 개는 主人을 보자마자 반갑게 꼬리를 쳤습니다.

[18] 일제에 의해 왜곡된 역사는 올바르게 <u>正立</u>을 해야 합니다.

[19] 우리 마을 경로 잔치에 <u>邑長</u>님이 찾아와 자리를 빛내 주셨습니다.

[20] 엄마께서 횟감을 사러 수산물 <u>市場</u>에 가셨습니다.

[21] 영희는 나를 보고도 못 본 척 <u>外面</u>을 하고 지나갔습니다.

[22] 우리나라의 <u>國花</u>는 무궁화입니다.

[23] 요즘엔 혼자 사는 1인 <u>家口</u>가 점점 늘어나는 추세입니다.

[24] 예전에, 양반이 아닌 상민이 살던 마을을 <u>民村</u>이라고 하였습니다.

[25] 군인들이 발을 힘껏 구르며 절도있게 <u>軍歌</u>를 부릅니다.

[26] 우리는 <u>來日</u> 날이 밝자마자 다음 목적지로 출발할 예정입니다.

[27] 날이 따뜻해진 요즘이 <u>植木</u>하기에는 제철입니다.

[28] 무분별한 벌목과 산불로 <u>山林</u> 자원이 점차 줄어들고 있습니다.

[29] 박 병장은 스무 발의 총알을 모두 표적에 <u>命中</u>시켰습니다.

[30] 함선들 간에는 <u>手旗</u>로 신호를 주고받기도 합니다.

[31] 이 건물의 5층에는 변호사 사무실이 <u>入住</u>해 있습니다.

[32] 고창의 특산물로는 수박이 <u>有名</u>합니다.

[문제 33-34] 다음 밑줄 친 漢字語를 〈보기〉에서 찾아 그 번호를 쓰세요.

〈보기〉	
① 萬世	② 天然
③ 校時	④ 祖上

[33] 철수는 묻는 말에 대답은 않고 <u>천연</u>덕스레 먼 산만 바라봅니다.

[34] 한식에는 <u>조상</u>의 산소를 찾아 성묘를 합니다.

[문제 35-54] 다음 漢字의 訓(훈:뜻)과 音(음:소리)을 쓰세요.

〈보기〉
字 → 글자 자

[35] 安   [36] 活   [37] 少

[38] 江   [39] 海   [40] 答

[41] 內   [42] 夏   [43] 孝

[44] 食   [45] 工   [46] 夫

[47] 冬   [48] 文   [49] 話

[50] 道   [51] 左   [52] 方

[53] 千   [54] 平

[문제 55-64] 다음 訓(훈:뜻)과 흡(음:소리)에 맞는 漢字를 〈보기〉에서 찾아 그 번호를 쓰세요.

<보기>
① 登   ② 同   ③ 足   ④ 記
⑤ 所   ⑥ 里   ⑦ 草   ⑧ 全
⑨ 每   ⑩ 川

[55] 오를 등   [56] 바 소

[57] 풀 초   [58] 마을 리

[59] 한가지 동   [60] 내 천

[61] 매양 매   [62] 기록할 기

[63] 발 족   [64] 온전 전

[문제 65-66] 다음 漢字의 상대(또는 반대되는) 漢字를 〈보기〉에서 골라 그 번호를 쓰세요.

<보기>
① 物   ② 直   ③ 男   ④ 後

[65] (   ) ↔ 心

[66] 先 ↔ (   )

[문제 67-68] 다음 뜻에 맞는 漢字語를 〈보기〉에서 찾아 그 번호를 쓰세요.

<보기>
① 車間   ② 動地
③ 自農   ④ 空洞

[67] 땅을 움직임.

[68] 아무것도 없이 텅 빈 큰 골짜기.

[문제 69-70] 다음 漢字의 진하게 표시한 획은 몇 번째 쓰는지 〈보기〉에서 찾아 그 번호를 쓰세요.

<보기>
① 첫 번째   ② 두 번째
③ 세 번째   ④ 네 번째
⑤ 다섯 번째

[69] 火

[70] 北

♣ 수고하셨습니다.

제106회 전국한자능력검정시험 7급 문제지

[문제 1-32] 다음 밑줄 친 漢字語의 音(음: 소리)을 쓰세요.

```
〈보기〉
漢字 → 한자
```

[1] 수험생들은 오전 열한 시까지 <u>入室</u>을 완료해야 합니다.

[2] 이장님은 우리 마을의 발전을 위해 <u>全心</u>을 다했습니다.

[3] 아버지는 수산 <u>市場</u>에 가서 회를 사 오셨습니다.

[4] 선두에서 펄럭이는 <u>軍旗</u>를 따라 병사들이 행진을 하였습니다.

[5] 톱과 끌 그리고 망치는 <u>木工</u> 작업의 기본 도구입니다.

[6] 지구의 기온이 <u>每年</u> 조금씩 올라가고 있습니다.

[7] 사람의 <u>生命</u>보다 더 귀중한 것은 없습니다.

[8] 그 무용수는 파리를 무대로 활발한 <u>活動</u>을 하였습니다.

[9] 그는 세계 선수권 대회에 참가하기 위해 <u>出國</u>했습니다.

[10] 두 사람은 함께 공부하면서 <u>自然</u>스레 친해졌습니다.

[11] 선생님 댁 <u>子弟</u>분은 모두 5남매입니다.

[12] 세계적인 아동 <u>文學</u> 작가로는 안데르센을 꼽습니다.

[13] 비가 많이 오긴 했지만 별다른 피해가 없어서 <u>千萬</u>다행입니다.

[14] 깨끗한 자연환경을 <u>所重</u>하게 여기고 잘 보존해야 합니다.

[15] 전통문화에는 우리 <u>祖上</u>들의 얼과 지혜가 녹아있습니다.

[16] 요즘은 건강을 위해 <u>小食</u>하는 사람들이 많습니다.

[17] 다람쥐는 먹을 것이 <u>不足</u>한 겨울을 대비해 도토리를 저장합니다.

[18] 철수는 삼 형제 중 <u>長男</u>입니다.

[19] 正午에 소나기가 그치더니 앞산에 무지개가 걸렸습니다.

[20] 서울의 江北 지역에는 유서 깊은 고궁이 많습니다.

[21] 서울 근교의 산들은 休日이면 등산객으로 무척 붐빕니다.

[22] 올해 농사가 대풍이어서 農夫들의 얼굴에는 미소가 가득합니다.

[23] 草家지붕 위로 탐스럽게 박이 열렸습니다.

[24] 최근에는 다양한 電氣 자동차가 출시되고 있습니다.

[25] 경치가 아름다운 칠갑산은 道立 공원입니다.

[26] 꽃밭에는 五色 영롱한 꽃들이 피어났습니다.

[27] 영희가 보내준 便紙 속에는 네잎클로버가 들어있었습니다.

[28] 비가 쏟아짐과 同時에 번개가 치고 천둥이 울렸습니다.

[29] 그는 남녀노소 누구나 좋아하는 歌手입니다.

[30] 임금은 百姓들을 잘 돌본 관리에게 특별한 상을 내렸습니다.

[31] 운동 前後에는 물이나 이온 음료를 충분히 마시는 것이 좋습니다.

[32] 洞口 밖 감나무에는 빨간 감이 주렁주렁 매달려 있습니다.

[문제 33-34] 다음 밑줄 친 漢字語를 〈보기〉에서 찾아 그 번호를 쓰세요.

〈보기〉
① 外來 ② 植物
③ 登記 ④ 天地

[33] 천지를 분간하기 어려울 정도로 짙은 안개가 끼었습니다.

[34] 베스나 불루길 같은 물고기는 토종 생태계를 교란하는 외래 어종입니다.

[문제 35-54] 다음 漢字의 訓(훈·뜻)과 音(음·소리)을 쓰세요.

〈보기〉
字 → 글자 자

[35] 方   [36] 孝   [37] 花

[38] 名   [39] 敎   [40] 校

[41] 話   [42] 有   [43] 右

[44] 算　　　[45] 民　　　[46] 寸

[47] 內　　　[48] 夏　　　[49] 冬

[50] 平　　　[51] 下　　　[52] 左

[53] 間　　　[54] 空

[문제 55-64] 다음 訓(훈:뜻)과 音(음:소리)에 맞는 漢字를 〈보기〉에서 찾아 그 번호를 쓰세요.

〈보기〉
① 答　② 世　③ 川　④ 里
⑤ 面　⑥ 直　⑦ 靑　⑧ 力
⑨ 數　⑩ 夕

[55] 마을 리　　　[56] 셈 수

[57] 낯 면　　　[58] 저녁 석

[59] 내 천　　　[60] 힘 력

[61] 인간 세　　　[62] 곧을 직

[63] 대답 답　　　[64] 푸를 청

[문제 65-66] 다음 漢字의 상대(또는 반대)되는 漢字를 〈보기〉에서 골라 그 번호를 쓰세요.

〈보기〉
① 母　② 少　③ 春　④ 先

[65] (　　　) ↔ 秋

[66] 老 ↔ (　　　)

[문제 67-68] 다음 뜻에 맞는 漢字語를 〈보기〉에서 찾아 그 번호를 쓰세요.

〈보기〉
① 邑村　　② 安住
③ 育林　　④ 車主

[67] 자리 잡고 편안히 삶.

[68] 나무를 심거나 씨를 뿌려 인공적으로 나무를 가꾸는 일.

[문제 69-70] 다음 漢字의 진하게 표시한 획은 몇 번째 쓰는지 〈보기〉에서 찾아 그 번호를 쓰세요.

〈보기〉
① 첫 번째　　② 두 번째
③ 세 번째　　④ 네 번째
⑤ 다섯 번째　⑥ 여섯 번째
⑦ 일곱 번째　⑧ 여덟 번째
⑨ 아홉 번째　⑩ 열 번째

[69]

[70]

♣ 수고하셨습니다.

제102회 전국한자능력검정시험 7급 정답 및 해설

1. **정답** 천연
   풀이 天(하늘 천), 然(그러할 연)

2. **정답** 방편
   풀이 方(모 방, 방향 방, 방법 방), 便(편할 편, 똥오줌 변)

3. **정답** 명중
   풀이 命(명령할 명, 목숨 명, 운명 명), 中(가운데 중, 맞힐 중)

4. **정답** 노소
   풀이 老[늙을 로(노)], 少(적을 소, 젊을 소)

5. **정답** 농지
   풀이 農(농사 농), 地(땅 지, 처지 지)

6. **정답** 주민
   풀이 住(살 주, 사는 곳 주), 民(백성 민)

7. **정답** 수백
   풀이 數(셀 수), 百(일백 백, 많을 백)

8. **정답** 읍내
   풀이 邑(고을 읍), 內(안 내)

9. **정답** 군가
   풀이 軍(군사 군), 歌(노래 가)

10. **정답** 소유
    풀이 所(장소 소, 바 소), 有(가질 유, 있을 유)

11. **정답** 기입
    풀이 記(기록할 기, 기억할 기), 入(들 입)

12. **정답** 춘추
    풀이 春(봄 춘), 秋(가을 추)

13. **정답** 천만
    풀이 千(일천 천, 많을 천), 萬(일만 만, 많을 만)

14. **정답** 등장
    풀이 登(오를 등, 기재할 등), 場(마당 장, 상황 장)

15. **정답** 자중
    풀이 自(자기 자, 스스로 자, 부터 자), 重(무거울 중, 귀중할 중, 거듭 중)

16. **정답** 전면
    풀이 全(온전할 전), 面(얼굴 면, 향할 면, 볼 면)

17. **정답** 생색
    풀이 生(날 생, 살 생, 사람을 부를 때 쓰는 접사 생), 色(빛 색)

18. **정답** 내년
    풀이 來[올 래(내)] 年(해 년, 나이 년)

19. **정답** 칠석
    풀이 七(일곱 칠), 夕(저녁 석)

20. **정답** 입하
    풀이 立[설 립(입)], 夏(여름 하)

21. **정답** 평안
    풀이 平(평평할 평, 평화 평), 安(편안할 안)

22. **정답** 전력
    풀이 電(번개 전, 전기 전), 力(힘 력)

23. **정답** 식전
    풀이 食(밥 식, 먹을 식), 前(앞 전)

24. **정답** 공사
    풀이 工(장인 공, 만들 공, 연장 공), 事(일 사, 섬길 사)

25. **정답** 해물
    풀이 海(바다 해), 物(물건 물)

26. **정답** 장남
　　풀이 長(길 장, 어른 장), 男(사내 남)

27. **정답** 정오
　　풀이 正(바를 정), 午(낮 오, 말 오)

28. **정답** 하산
　　풀이 下(아래 하, 내릴 하), 山(산 산)

29. **정답** 형부
　　풀이 兄(형 형, 어른 형), 夫(사내 부, 남편 부)

30. **정답** 동명
　　풀이 同(한가지 동, 같을 동), 名(이름 명, 이름날 명)

31. **정답** 모교
　　풀이 母(어머니 모), 校(학교 교, 교정볼 교, 장교 교)

32. **정답** 불시
　　풀이 不(아닐 불·부), 時(때 시)

33. **정답** 아우 제, 제자 제

34. **정답** 기 기

35. **정답** 마디 촌

36. **정답** 손 수, 재주 수, 재주 있는 사람 수

37. **정답** 주인 주

38. **정답** 말씀 화, 이야기 화

39. **정답** 마을 동, 동굴 동

40. **정답** 임금 왕, 으뜸 왕

41. **정답** 마을 리, 거리 리

42. **정답** 오른쪽 우

43. **정답** 겨울 동

44. **정답** 아버지 부

45. **정답** 기를 육

46. **정답** 밖 외

47. **정답** 마을 촌

48. **정답** 발 족, 넉넉할 족

49. **정답** 저자 시(시장 시, 시내 시)

50. **정답** 살 활

51. **정답** 효도 효

52. **정답** 왼쪽 좌

53. **정답** ③
　　풀이 화초(花草 – 꽃 화/풀 초) : 꽃이 피는 풀이나 나무. 또는 모든 관상용 식물.

54. **정답** ②
　　풀이 휴학(休學 – 쉴 휴/배울 학, 학교 학) : 일정 기간 동안 학교를 쉬는 일.

55. **정답** ⑨
　　풀이 川(내 천)

56. **정답** ⑧
　　풀이 北(북쪽 북, 등질 배, 달아날 배)

57. **정답** ⑥
　　풀이 直(곧을 직, 바를 직)

58. **정답** ③
　　풀이 祖(할아버지 조, 조상 조)

59. **정답** ⑦
　　풀이 間(사이 간)

60. **정답** ⑤
　　풀이 空(빌 공, 하늘 공)

61. **정답** ②
　　풀이 南(남쪽 남)

62. **정답** ⑩
　　풀이 室(집 실, 방 실, 아내 실)

63. **정답** ④
　　풀이 林(수풀 림)

64. **정답** ①
　　풀이 植(심을 식)

65. **정답** ④
　　풀이 東(동쪽 동) ↔ 西(서쪽 서)

66. **정답** ①
　　풀이 先(먼저 선) ↔ 後(뒤 후)

[問 67-68]

<보기>
① 家口(집 가, 전문가 가/입 구, 말할 구, 구멍 구) : 집안 식구. 집안의 사람 수효.
② 心氣(마음 심, 중심 심/기운 기, 대기 기) : 마음으로 느끼는 기분.
③ 水道(물 수/길 도, 도리 도, 말할 도) : (먹거나 쓸) 윗물이 오는 길(설비).
④ 算出(셈 산/나올 출, 나갈 출) : 계산하여 냄.

67. 정답 ②

68. 정답 ④

69. 정답 ④

70. 정답 ⑦

제103회 전국한자능력검정시험 7급 정답 및 해설

1. **정답** 정직
   풀이 正(바를 정), 直(곧을 직, 바를 직)

2. **정답** 불평
   풀이 不(아닐 불·부), 平(평평할 평, 평화 평)

3. **정답** 식구
   풀이 食(밥 식, 먹을 식), 口(입 구, 말할 구, 구멍 구)

4. **정답** 편안
   풀이 便(편할 편, 똥오줌 변), 安(편안할 안)

5. **정답** 기력
   풀이 氣(기운 기, 대기 기), 力(힘 력)

6. **정답** 농촌
   풀이 農(농사 농), 村(마을 촌)

7. **정답** 남자
   풀이 男(사내 남), 子(아들 자, 접미사 자)

8. **정답** 촌수
   풀이 寸(마디 촌), 數(셀 수)

9. **정답** 명소
   풀이 名(이름 명, 이름날 명), 所(장소 소, 바소)

10. **정답** 공연
    풀이 空(빌 공, 하늘 공), 然(그러할 연)

11. **정답** 국기
    풀이 國(나라 국), 旗(기 기)

12. **정답** 생명
    풀이 生(날 생, 살 생, 사람을 부를 때 쓰는 접사 생), 命(명령할 명, 목숨 명, 운명 명)

13. **정답** 내일
    풀이 來[올 래(내)], 日(해 일, 날 일)

14. **정답** 삼중
    풀이 三(석 삼), 重(무거울 중, 귀중할 중, 거듭 중)

15. **정답** 이장
    풀이 里[마을 리(이). 거리 리(이)], 長(길 장, 어른 장)

16. **정답** 기입
    풀이 記(기록할 기, 기억할 기), 入(들 입)

17. **정답** 교육
    풀이 教(가르칠 교), 育(기를 육)

18. **정답** 형부
    풀이 兄(형 형, 어른 형), 夫(사내 부, 남편 부)

19. **정답** 등산
    풀이 登(오를 등, 기재할 등), 山(산 산)

20. **정답** 조상
    풀이 祖(할아버지 조, 조상 조), 上(위 상, 오를 상)

21. **정답** 선후
    풀이 先(먼저 선), 後(뒤 후)

22. **정답** 화초
    풀이 花(꽃 화), 草(풀 초)

23. **정답** 천금
    풀이 千(일천 천, 많을 천), 金(쇠 금, 금 금, 돈 금, 성씨 김)

24. **정답** 수하
    풀이 手(손 수, 재주 수, 재주 있는 사람 수), 下(아래 하, 내릴 하)

25. **정답** 매월
    풀이 每(매양 매, 항상 매), 月(달 월, 육 달 월)

26. **정답** 효도
   풀이 孝(효도 효), 道(길 도, 도리 도)

27. **정답** 백성
   풀이 百(일백 백, 많을 백), 姓(성씨 성, 백성 성)

28. **정답** 출동
   풀이 出(날 출, 나갈 출), 動(움직일 동)

29. **정답** 식목
   풀이 植(심을 식), 木(나무 목)

30. **정답** 방면
   풀이 方(모 방, 방향 방, 방법 방), 面(얼굴 면, 향할 면, 볼 면)

31. **정답** 인사
   풀이 人(사람 인), 事(일 사, 섬길 사)

32. **정답** 백색
   풀이 白(흰 백, 밝을 백, 깨끗할 백, 아뢸 백), 色(빛 색)

33. **정답** ②
   풀이 동문(同門 – 한가지 동, 같을 동/문 문) : 같은 학교나 같은 스승에게 배운 사람.

34. **정답** ④
   풀이 심지(心地 – 마음 심, 중심 심/땅 지, 처지 지) : 마음의 본바탕.

35. **정답** 세상 세, 세대 세

36. **정답** 설 립

37. **정답** 때 시

38. **정답** 오른쪽 우

39. **정답** 사이 간

40. **정답** 고을 읍

41. **정답** 수레 거, 차 차

42. **정답** 내 천

43. **정답** 바다 해

44. **정답** 마당 장, 상황 장

45. **정답** 여름 하

46. **정답** 저녁 석

47. **정답** 장인 공, 만들 공, 연장 공

48. **정답** 살 주, 사는 곳 주

49. **정답** 저자 시(시장 시, 시내 시)

50. **정답** 강 강

51. **정답** 안 내

52. **정답** 왼쪽 좌

53. **정답** 마을 동, 동굴 동

54. **정답** 낮 오, 말 오

55. **정답** ③
   풀이 有(있을 유, 가질 유)

56. **정답** ④
   풀이 算(셈 산)

57. **정답** ⑩
   풀이 林(수풀 림)

58. **정답** ⑦
   풀이 靑(푸를 청, 젊을 청)

59. **정답** ①
   풀이 室(집 실, 방 실, 아내 실)

60. **정답** ⑧
   풀이 前(앞 전)

61. **정답** ②
   풀이 答(대답할 답, 갚을 답)

62. **정답** ⑨
   풀이 足(발 족, 넉넉할 족)

63. **정답** ⑥
   풀이 六(여섯 륙)

64. **정답** ⑤
   풀이 中(가운데 중, 맞힐 중)

65. **정답** ②
   풀이 春(봄 춘) ↔ 秋(가을 추)

66. **정답** ①
   풀이 老(늙을 로) ↔ 小(적을 소, 젊을 소)

[問 67-68]

> 〈보기〉
> ① 電話(번개 전, 전기 전/말씀 화, 이야기
>   화) : 전화기를 이용하여 말을 주고받음.
> ② 紙物(종이 지/물건 물) : 온갖 종이를 통
>   틀어 이르는 말.
> ③ 自活(자기 자, 스스로 자, 부터 자/살 활)
>   : 자기 힘으로 살아감.
> ④ 冬天(겨울 동/하늘 천) : ㉠ 겨울 하늘.
>   ㉡ 겨울철의 날. 또는 그날의 날씨.

67. 정답 ④

68. 정답 ③

69. 정답 ⑥

70. 정답 ②

제104회 전국한자능력검정시험 7급 정답 및 해설

1. **정답** 가수
   풀이 歌(노래 가), 手(손 수, 재주 수, 재주 있는 사람 수)

2. **정답** 간식
   풀이 間(사이 간), 食(밥 식, 먹을 식)

3. **정답** 공백
   풀이 空(빌 공, 하늘 공), 白(흰 백, 밝을 백, 깨끗할 백, 아뢸 백)

4. **정답** 국토
   풀이 國(나라 국), 土(흙 토)

5. **정답** 기색
   풀이 氣(기운 기, 대기 기), 色(빛 색)

6. **정답** 내년
   풀이 來[올 래(내)], 年(해 년, 나이 년)

7. **정답** 문답
   풀이 問(물을 문), 答(대답할 답, 갚을 답)

8. **정답** 입동
   풀이 立[설 립(입)], 冬(겨울 동)

9. **정답** 등산
   풀이 登(오를 등, 기재할 등), 山(산 산)

10. **정답** 농림
    풀이 農(농사 농), 林(수풀 림)

11. **정답** 만물
    풀이 萬(일만 만, 많을 만), 物(물건 물)

12. **정답** 매사
    풀이 每(매양 매, 항상 매), 事(일 사, 섬길 사)

13. **정답** 동력
    풀이 動(움직일 동), 力(힘 력)

14. **정답** 명중
    풀이 命(명령할 명, 목숨 명, 운명 명), 中(가운데 중, 맞힐 중)

15. **정답** 천자문
    풀이 千(일천 천, 많을 천), 字(글자 자), 文(무늬 문, 글월 문)

16. **정답** 방면
    풀이 方(모 방, 방향 방, 방법 방), 面(얼굴 면, 향할 면, 볼 면)

17. **정답** 북상
    풀이 北(북쪽 북, 등질 배, 달아날 배), 上(위 상, 오를 상)

18. **정답** 사촌
    풀이 四(넉 사), 寸(마디 촌)

19. **정답** 생장
    풀이 生(날 생, 살 생, 사람을 부를 때 쓰는 접사 생), 長(길 장, 어른 장)

20. **정답** 칠석
    풀이 七(일곱 칠), 夕(저녁 석)

21. **정답** 소녀
    풀이 少(적을 소, 젊을 소), 女(여자 녀)

22. **정답** 식목일
    풀이 植(심을 식), 木(나무 목), 日(해 일, 날 일)

23. **정답** 안심
    풀이 安(편안할 안), 心(마음 심, 중심 심)

24. **정답** 천연
    풀이 天(하늘 천), 然(그러할 연)

25. **정답** 왕도
    풀이 王(임금 왕, 으뜸 왕), 道(길 도, 도리 도)

26. **정답** 월출
    풀이 月(달 월, 육 달 월), 出(날 출, 나갈 출)

27. **정답** 정문
    풀이 正(바를 정), 門(문 문)

28. **정답** 부족
    풀이 不(아닐 불·부), 足(발 족, 넉넉할 족)

29. **정답** 주인
    풀이 主(주인 주), 人(사람 인)

30. **정답** 주민
    풀이 住(살 주, 사는 곳 주), 民(백성 민)

31. **정답** 춘추
    풀이 春(봄 춘), 秋(가을 추)

32. **정답** 화초
    풀이 花(꽃 화), 草(풀 초)

33. **정답** ①
    풀이 학교(學校 – 배울 학, 학교 학/학교 교, 교정볼 교, 장교 교) : 학생에게 교육을 실시하는 기관.

34. **정답** ②
    풀이 동서(東西 – 동쪽 동/서쪽 서) : 동쪽과 서쪽을 아울러 이르는 말.

35. **정답** 낮 오, 말 오

36. **정답** 성씨 성, 백성 성

37. **정답** 세상 세, 세대 세

38. **정답** 이름 명, 이름날 명

39. **정답** 한가지 동, 같을 동

40. **정답** 집 가, 전문가 가

41. **정답** 저자 시(시장 시, 시내 시)

42. **정답** 마을 리, 거리 리

43. **정답** 무거울 중, 귀중할 중, 거듭 중

44. **정답** 남쪽 남

45. **정답** 먼저 선

46. **정답** 강 강

47. **정답** 큰 대

48. **정답** 사내 부, 남편 부

49. **정답** 군사 군

50. **정답** 여름 하

51. **정답** 고을 읍

52. **정답** 장인 공, 만들 공, 연장 공

53. **정답** 늙을 로

54. **정답** 기를 육

55. **정답** ⑩
    풀이 父(아버지 부)

56. **정답** ⑤
    풀이 所(장소 소, 바 소)

57. **정답** ⑥
    풀이 車(수레 거, 차 차)

58. **정답** ①
    풀이 室(집 실, 방 실, 아내 실)

59. **정답** ⑨
    풀이 川(내 천)

60. **정답** ⑧
    풀이 自(자기 자, 스스로 자, 부터 자)

61. **정답** ②
    풀이 口(입 구, 말할 구, 구멍 구)

62. **정답** ⑦
    풀이 有(가질 유, 있을 유)

63. **정답** ④
    풀이 話(말씀 화, 이야기 화)

64. **정답** ③
    풀이 金(쇠 금, 금 금, 돈 금, 성씨 김)

65. **정답** ①
    풀이 內(안 내) ↔ 外(밖 외)

66. **정답** ③
    풀이 前(앞 전) ↔ 後(뒤 후)

[問 67-68]

〈보기〉

① 左右(왼쪽 좌/오른쪽 우) : 왼쪽과 오른쪽을 아울러 이르는 말.

② 水火(물 수/불 화) : 물과 불을 아울러 이르는 말.

③ 兄弟(형 형, 어른 형/아우 제, 제자 제) : 형과 아우를 아울러 이르는 말.

④ 母子(어머니 모/아들 자, 접미사 자) : 어머니와 아들을 아울러 이르는 말.

67. [정답] ①

68. [정답] ④

69. [정답] ④

70. [정답] ④

제105회 전국한자능력검정시험 7급 정답 및 해설

1. **정답** 하오
   풀이 下(아래 하, 내릴 하), 午(낮 오, 말 오)

2. **정답** 삼중
   풀이 三(석 삼), 重(무거울 중, 귀중할 중, 거듭 중)

3. **정답** 전자
   풀이 電(번개 전, 전기 전), 子(아들 자, 접미사 자)

4. **정답** 불편
   풀이 不(아닐 불·부), 便(편할 편, 똥오줌 변)

5. **정답** 춘추
   풀이 春(봄 춘), 秋(가을 추)

6. **정답** 산수
   풀이 算(셈 산), 數(셀 수)

7. **정답** 백성
   풀이 百(일백 백, 많을 백), 姓(성씨 성, 백성 성)

8. **정답** 칠석
   풀이 七(일곱 칠), 夕(저녁 석)

9. **정답** 노모
   풀이 老[늙을 로(노)], 母(어머니 모)

10. **정답** 생색
    풀이 生(날 생, 살 생, 사람을 부를 때 쓰는 접사 생), 色(빛 색)

11. **정답** 교육
    풀이 敎(가르칠 교), 育(기를 육)

12. **정답** 사전
    풀이 事(일 사, 섬길 사), 前(앞 전)

13. **정답** 출토
    풀이 出(날 출, 나갈 출), 土(흙 토)

14. **정답** 기력
    풀이 氣(기운 기, 대기 기), 力(힘 력)

15. **정답** 휴학
    풀이 休(쉴 휴), 學(배울 학, 학교 학)

16. **정답** 백지
    풀이 白(흰 백, 밝을 백, 깨끗할 백, 아뢸 백), 紙(종이 지)

17. **정답** 주인
    풀이 主(주인 주), 人(사람 인)

18. **정답** 정립
    풀이 正(바를 정), 立(설 립)

19. **정답** 읍장
    풀이 邑(고을 읍), 長(길 장, 어른 장)

20. **정답** 시장
    풀이 市(시장 시, 시내 시), 場(마당 장, 상황 장)

21. **정답** 외면
    풀이 外(밖 외), 面(얼굴 면, 향할 면, 볼 면)

22. **정답** 국화
    풀이 國(나라 국), 花(꽃 화)

23. **정답** 가구
    풀이 家(집 가, 전문가 가), 口(입 구, 말할 구, 구멍 구)

24. **정답** 민촌
    풀이 民(백성 민), 村(마을 촌)

25. **정답** 군가
    풀이 軍(군사 군), 歌(노래 가)

26. **정답** 내일

    풀이 來[올 래(내)], 日(해 일, 날 일)

27. **정답** 식목

    풀이 植(심을 식), 木(나무 목)

28. **정답** 산림

    풀이 山(산 산), 林(수풀 림)

29. **정답** 명중

    풀이 命(명령할 명, 목숨 명, 운명 명), 中(가운데 중, 맞힐 중)

30. **정답** 수기

    풀이 手(손 수, 재주 수, 재주 있는 사람 수), 旗(기 기)

31. **정답** 입주

    풀이 入(들 입), 住(살 주, 사는 곳 주)

32. **정답** 유명

    풀이 有(가질 유, 있을 유), 明名(이름 명, 이름날 명)

33. **정답** ②

    풀이 천연(天然 – 하늘 천/그러할 연) : 사람의 힘을 가하지 아니한 상태.

34. **정답** ④

    풀이 조상(祖上 – 할아버지 조, 조상 조/위상, 오를 상) : 할아버지 위로 대대의 어른.

35. **정답** 편안할 안

36. **정답** 살 활

37. **정답** 적을 소, 젊을 소

38. **정답** 강 강

39. **정답** 바다 해

40. **정답** 대답할 답, 갚을 답

41. **정답** 안 내

42. **정답** 여름 하

43. **정답** 효도 효

44. **정답** 밥 식, 먹을 식

45. **정답** 장인 공, 만들 공, 연장 공

46. **정답** 사내 부, 남편 부

47. **정답** 겨울 동

48. **정답** 무늬 문, 글월 문

49. **정답** 말씀 화, 이야기 화

50. **정답** 길 도, 도리 도

51. **정답** 왼쪽 좌

52. **정답** 모 방, 방향 방, 방법 방

53. **정답** 일천 천, 많을 천

54. **정답** 평평할 평, 평화 평

55. **정답** ①

    풀이 登(오를 등, 기재할 등)

56. **정답** ⑤

    풀이 所(바 소, 장소 소)

57. **정답** ⑦

    풀이 草(풀 초)

58. **정답** ⑥

    풀이 里(마을 리)

59. **정답** ②

    풀이 同(한가지 동, 같을 동)

60. **정답** ⑩

    풀이 川(내 천)

61. **정답** ⑨

    풀이 每(매양 매, 항상 매)

62. **정답** ④

    풀이 記(기록할 기, 기억할 기)

63. **정답** ③

    풀이 足(발 족, 넉넉할 족)

64. **정답** ⑧

    풀이 全(온전할 전)

65. **정답** ①

    풀이 物(물건 물) ↔ 心(마음 심, 중심 심)

66. 정답 ④

풀이 先(먼저 선) ↔ 後(뒤 후)

[問 67-68]

〈보기〉

① 車間(차 차, 수레 거/사이 간) : 차와 차 사이.

② 動地(움직일 동/땅 지, 처지 지) : 땅을 움직임.

③ 自農(자기 자, 스스로 자, 부터 자/농사 농) : 자기 땅에 자기가 직접 짓는 농사. 또는 그런 농민이나 농가.

④ 空洞(빌 공, 하늘 공/마을 동, 동굴 동) : 아무것도 없이 텅 빈 큰 골짜기.

67. 정답 ②

68. 정답 ④

69. 정답 ②

70. 정답 ⑤

제106회 전국한자능력검정시험 7급 정답 및 해설

1. **정답** 입실
   풀이 入(들 입), 室(집 실, 방 실, 아내 실)

2. **정답** 전심
   풀이 全(온전할 전), 心(마음 심, 중심 심)

3. **정답** 시장
   풀이 市(시장 시, 시내 시), 場(마당 장, 상황 장)

4. **정답** 군기
   풀이 軍(군사 군), 旗(기 기)

5. **정답** 목공
   풀이 木(나무 목), 工(장인 공, 만들 공, 연장 공)

6. **정답** 매년
   풀이 每(매양 매, 항상 매), 年(해 년, 나이 년)

7. **정답** 생명
   풀이 生(날 생, 살 생, 사람을 부를 때 쓰는 접사 생), 命(명령할 명, 목숨 명, 운명 명)

8. **정답** 활동
   풀이 活(살 활), 動(움직일 동)

9. **정답** 출국
   풀이 出(날 출, 나갈 출), 國(나라 국)

10. **정답** 자연
    풀이 自(자기 자, 스스로 자, 부터 자), 然(그러할 연)

11. **정답** 자제
    풀이 子(아들 자, 접미사 자), 弟(아우 제, 제자 제)

12. **정답** 문학
    풀이 文(무늬 문, 글월 문), 學(배울 학, 학교 학)

13. **정답** 천만
    풀이 千(일천 천, 많을 천), 萬(일만 만, 많을 만)

14. **정답** 소중
    풀이 所(장소 소, 바 소), 重(무거울 중, 귀중할 중, 거듭 중)

15. **정답** 조상
    풀이 祖(할아버지 조, 조상 조), 上(위 상, 오를 상)

16. **정답** 소식
    풀이 小(작을 소), 食(밥 식, 먹을 식)

17. **정답** 부족
    풀이 不(아닐 불 · 부), 足(발 족, 넉넉할 족)

18. **정답** 장남
    풀이 長(길 장, 어른 장), 男(사내 남)

19. **정답** 정오
    풀이 正(바를 정), 午(낮 오, 말 오)

20. **정답** 강북
    풀이 江(강 강), 北(북쪽 북, 등질 배, 달아날 배)

21. **정답** 휴일
    풀이 休(쉴 휴), 日(해 일, 날 일)

22. **정답** 농부
    풀이 農(농사 농), 夫(사내 부, 남편 부)

23. **정답** 초가
    풀이 草(풀 초), 家(집 가, 전문가 가)

24. **정답** 전기
    풀이 電(번개 전, 전기 전), 氣(기운 기, 대기 기)

25. **정답** 도립
    풀이 道(길 도, 도리 도), 立(설 립)

26. **정답** 오색
    풀이 五(다섯 오), 色(빛 색)

27. **정답** 편지
    풀이 便(편할 편, 똥오줌 변), 紙(종이 지)

28. **정답** 동시
    풀이 同(한가지 동, 같을 동), 時(때 시)

29. **정답** 가수
    풀이 歌(노래 가), 手(손 수, 재주 수, 재주 있는 사람 수)

30. **정답** 백성
    풀이 百(일백 백, 많을 백), 姓(성씨 성, 백성 성)

31. **정답** 전후
    풀이 前(앞 전), 後(뒤 후)

32. **정답** 동구
    풀이 洞(마을 동, 동굴 동), 口(입 구, 말할 구, 구멍 구)

33. **정답** ④
    풀이 천지(天地 – 하늘 천/땅 지, 처지 지) : 하늘과 땅을 아울러 이르는 말.

34. **정답** ①
    풀이 외래[外來 – 밖 외/올 래] : 밖에서 옴. 또는 외국에서 옴.

35. **정답** 모 방, 방향 방, 방법 방방

36. **정답** 효도 효

37. **정답** 꽃 화

38. **정답** 이름 명, 이름날 명

39. **정답** 가르칠 교

40. **정답** 학교 교, 교정볼 교, 장교 교

41. **정답** 말씀 화, 이야기 화

42. **정답** 가질 유, 있을 유

43. **정답** 오른쪽 우

44. **정답** 셈 산

45. **정답** 백성 민

46. **정답** 마디 촌

47. **정답** 안 내

48. **정답** 여름 하

49. **정답** 겨울 동

50. **정답** 평평할 평, 평화 평

51. **정답** 아래 하, 내릴 하

52. **정답** 왼쪽 좌

53. **정답** 사이 간

54. **정답** 빌 공, 하늘 공

55. **정답** ④
    풀이 里[마을 리(이)]

56. **정답** ⑨
    풀이 數(셀 수)

57. **정답** ⑤
    풀이 面(얼굴 면, 향할 면, 볼 면)

58. **정답** ⑩
    풀이 夕(저녁 석)

59. **정답** ③
    풀이 川(내 천)

60. **정답** ⑧
    풀이 力[힘 력(역)]

61. **정답** ②
    풀이 世(세대 세, 세상 세)

62. **정답** ⑥
    풀이 直(곧을 직, 바를 직)

63. **정답** ①
    풀이 答(대답할 답, 갚을 답)

64. **정답** ⑦
    풀이 靑(푸를 청, 젊을 청)

65. **정답** ③
    풀이 春(봄 춘) ↔ 秋(가을 추)

66. 【정답】②

【풀이】 老(늙을 로) ↔ 少(적을 소, 젊을 소)

[問 67-68]

<보기>
① 邑村(고을 읍/마을 촌) : 읍에 속한 마을.
읍과 촌.
② 安住(편안할 안/살 주, 사는 곳 주) : 자
리 잡고 편안히 삶. 현재의 상황이나 처
지에 만족함.
③ 育林[기를 육/수풀 림] : 나무를 심거나
씨를 뿌려 인공적으로 나무를 가꾸는 일
④ 車主(차 차, 수레 거/주인 주) : 차의 주인.

67. 【정답】②

68. 【정답】③

69. 【정답】⑨

70. 【정답】⑥

제 4 편

한자 찾아보기

한자 찾아보기

사 厶 094	**ㅇ**	을 乚 050	죽 竹 067
산 山 002		읍 邑 072	중 中 007
산 算 067	안 安 023	이 里 038	중 重 039
삼 三 025	야 也 050	이 二 025	지 止 013
상 上 012	양 良 059	인 人 004	지 地 050
색 色 072	양 易 063	인 儿 008	지 紙 070
생 生 042	어 語 089	일 日 001	지 至 095
서 西 018	언 言 089	일 一 025	직 直 056
석 夕 010	엔 円 045	임 林 014	진 辰 048
선 先 030	여 女 023	입 立 088	
설 舌 031	역 力 049	입 入 004	
성 姓 042	연 年 036	입 卄 066	**ㅊ**
세 世 066	연 然 084		차 車 021
소 小 033	영 令 073	**ㅈ**	차 且 061
소 少 033	예 乂 090	자 子 022	척 彳 096
소 所 080	오 五 026	자 字 022	천 川 003
수 水 003	오 午 036	자 自 055	천 天 006
수 手 049	오 吾 089	장 長 058	천 千 030
수 首 057	옥 玉 043	장 場 063	청 青 045
수 氺 078	왈 曰 009	전 田 038	초 草 065
수 數 099	왕 王 043	전 前 057	초 艹 066
시 時 054	외 外 011	전 全 076	촌 寸 053
시 示 061	요 幺 096	전 電 078	촌 村 053
시 豕 064	우 彐 052	절 巳 073	추 秋 017
시 市 077	우 禺 032	절 卩 073	춘 春 005
식 植 056	우 牛 030	정 正 013	출 出 002
식 食 059	우 雨 078	정 丁 081	치 夂 097
신 辰 048	우 右 083	제 弟 085	칠 七 027
실 室 095	원 円 045	조 祖 061	
심 心 037	월 月 001	조 早 065	**ㅌ**
십 十 028	위 韋 100	족 足 013	
씨 氏 069	유 内 032	좌 左 083	토 土 041
	유 有 083	주 主 044	
	육 六 027	주 住 044	
	육 育 094		

어문회 한자능력검정시험 7급 한 권으로 끝내기

초 판 발 행	2025년 05월 20일(인쇄 2025년 03월 31일)
발 행 인	박영일
책 임 편 집	이해욱
편 저	박정서 · 박원길
편 집 진 행	박시현
표지디자인	김지수
편집디자인	양혜련 · 임창규
일 러 스 트	기도연
발 행 처	(주)시대고시기획
출 판 등 록	제10-1521호
주 소	서울시 마포구 큰우물로 75 [도화동 538 성지 B/D] 9F
전 화	1600-3600
팩 스	02-701-8823
홈 페 이 지	www.sdedu.co.kr
I S B N	979-11-383-9055-2 (13710)
정 가	17,000원

시대에듀와 함께하는!

어문회 한자

어문회 한자능력검정시험 2급 한 권으로 끝내기

어문회 2급을 '한자 3박자 연상 학습법'으로 쉽고 확실하게!

- 한자능력검정시험 2급 배정한자 2,355자 수록
- '생생한 어원 풀이'로 2급 한자 마스터!
- 다양한 출제 유형에 맞춰 정리한 '한자 응용하기'
- 출제 경향 완벽 분석! '최신 기출 동형 모의고사' 4회분 제공
- 시험장까지 들고 가는 〈빅데이터 합격 한자〉 소책자 제공

어문회 한자능력검정시험 3급 한 권으로 끝내기

어문회 3급을 '한자 3박자 연상 학습법'으로 쉽고 확실하게!

- 한자능력검정시험 3급 배정한자 1,817자 수록
- '생생한 어원 풀이'와 '한자 구조 풀이'로 3급 한자 마스터!
- 다양한 출제 유형에 맞춰 정리한 '한자 응용하기'
- 출제 경향 완벽 분석! '최신 기출 동형 모의고사' 3회분 제공
- 시험장까지 들고 가는 〈빅데이터 합격 한자〉 소책자 제공

어문회 한자능력검정시험 4·5·6급 한 권으로 끝내기

어문회 4·5·6급을 '한자 3박자 연상 학습법'으로
쉽고 재미있게!

- 해당 급수 배정한자 모두 수록
- 생생한 '어원 풀이'로 4·5·6급 한자 마스터!
- 다양한 출제 유형에 맞춰 정리한 '한자 응용하기'
- 출제 경향 완벽 분석! '최신 기출 동형 모의고사' 제공
- 시험장까지 들고 가는 〈빅데이터 합격 한자〉 소책자 제공

시대에듀와 함께하는!

진흥회 한자

진흥회 한자자격시험 2급 한 권으로 끝내기

진흥회 2급을 '한자 3박자 연상 학습법'으로
쉽고 확실하게!

- 한자자격시험 2급 선정한자 2,300자 수록
- '생생한 어원 풀이'로 2급 한자 마스터!
- 다양한 출제 유형에 맞춰 정리한 '한자 응용하기'
- 실제 기출문제로 실력 점검! '최신 기출문제 5회분'
- 저자가 직접 출제한 '실전 모의고사' 1회분 추가 제공
- 시험 직전 막판 뒤집기! '빅데이터 합격 한자 750'

진흥회 한자자격시험 3급 한 권으로 끝내기

진흥회 3급을 '한자 3박자 연상 학습법'으로
쉽고 확실하게!

- 한자자격시험 3급 선정한자 1,800자 수록
- '생생한 어원 풀이'로 3급 한자 마스터!
- 다양한 시험 유형에 맞춰 정리한 '한자 응용하기'
- 실제 기출문제로 실력 점검! '최신 기출문제 5회분'
- 시험 직전 막판 뒤집기! '빅데이터 합격 한자 450'

※ 도서의 이미지는 변동될 수 있습니다.

읽으면 저절로 외워지는 기적의 암기공식!

한자암기박사 시리즈

한자암기박사 1

일본어 한자암기박사1
상용한자 기본학습

중국어 한자암기박사1
기초학습

한자암기박사 2

일본어 한자암기박사2
상용한자 심화학습

중국어 한자암기박사 2
심화학습

- 20여 년간 사랑받고 검증된 '한자 3박자 연상 학습법'으로 읽으면서 익히는 한자 완전학습!
- 부수/획수/필순/활용 어휘 등 사전이 필요 없는 상세한 해설과 한자 응용!

※ 도서의 이미지는 변동될 수 있습니다.